Impressum

Bibliografische Information der Deutschen Nationalbibliothek: Die Deutsche Nationalbibliothek verzeichnet diese Publikation in der Deutschen Nationalbibliografie; detaillierte bibliografische Daten sind im Internet über www.dnb.de abrufbar.

Cover und Bildgestaltung Spencer Corvis

© 2015 Spencer Corvis

Herstellung und Verlag: BoD – Books on Demand, Norderstedt

ISBN 9783738616538

Über den Autor:

Der Name Spencer Corvis ist ein Pseudonym

Spencer Corvis ist in den 80ern geboren worden, hat seine schulische Ausbildung in den 90ern durchlebt, seine berufliche Ausbildung folgte in den 2000er Jahren

<u>Geboren, Aufgewachsen und und immer noch wohnhaft ist Spencer Corvis im unteren Franken in einem kleinen 400 Seelenort</u>

Spencer Corvis

Kommisar Max Schneider

Hochadels mord

Vorwort und Danksagungen

An dieser Stelle möchte ich allen meinen Lesern danken. Ein wenig positive Resonanz hatte ich mir erhofft, was dann auf mich zukam hat mich fast umgehauen. Fast durch die Bank positives Feedback, Glückwünsche und Anerkennung. Es lässt sich einfach nicht besser in Worte fassen, als mit einem ganz großen DANKE!

Ein 2. Buch für eine 2. Chance? Wenn man den Meinungen meiner Leser glauben darf, habe ich mich bereits bei dem 1. Versuch bewährt ;) Aber so seltsam es klingt, macht mir das Lob ein wenig Angst. Ich hoffe ich kann die in mich gesetzten Erwartungen mit dem 2. Buch erfüllen.

Anja: wie damals, so ist auch heute meine gute Freundin Anja die beste Testleserin die man sich wünschen kann. Ich hoffe deine Leselust bleibt mir noch lange erhalten =)

Steffi: ebenfalls wieder sehr fleißig als Lektorin, wenn es darum ging, meine Fehler auszubessern. Aber eine Klarstellung muss ich für sie und mich hier treffen: der Fehler in den Danksagungen war beabsichtigt von mir, die anderen, geschätzten 99 Fehler gehen auch auf meine Kappe, da ich etwas zu übereifrig die Veröffentlichung vorangetrieben habe =)

Es gibt noch viele Andere, denen ich danken muss, aber sollte ich hier alle einzeln aufzählen, würde das Vorwort länger werden, als der eigentliche Roman. Deshalb an dieser Stelle: Danke meine Freunde, jeder von euch hat dazu beigetragen, dass ich mich weiterhin Autor nennen darf!

Handlung und Namen in diesem Buch sind frei erfunden und basieren nicht auf realen Ereignissen und Personen

Hochadelsmord
Kapitel 1

Eine Autofahrt, wie auf einem Fakirbrett. Mit dem Unterschied, dass einem nicht hunderte Nägel das Leben schwer machten, sondern hunderte Schlaglöcher. Wenn man dachte, die Schlaglochzone verlassen zu haben, kamen nach wenigen Sekunden nur umso mehr. Man sollte meinen, dass solche Leute mehr Wert auf eine gut befahrbare Straße legten. Anscheinend war dies nicht der Fall.

'Wenn dieses verdammte Schloss nur nicht so weit draußen liegen würde', dachte er sich. 'Und das nur, wegen meiner Schwester!' Er hatte seine Schwester das letzte Mal vor gut fünf Jahren gesehen, bei ihrer Hochzeit. Weder er noch sie hatten nach diesem Ereignis mit dem Anderen Kontakt aufzunehmen versucht, bis heute.

Nach fünf Kilometern, die ihm wie fünfzig vorkamen, wurde die Straße schlagartig besser. Am Straßenrand sah er den Grund dafür. Dieses Schild bestätigte seine Vermutung.

Die Straße führte von nun an bergauf und war äußerst angenehm zu fahren.

Nach der ersten Steigung und der ersten Kurve, bot sich ein wunderbarer Anblick: Auf einer vorstehenden Klippe, hoch oben vor dem Schloss, stand ein majestätischer Adler im Schatten, der die Flügel ausbreitete, um loszufliegen.

Dieser Anblick hätte ihn fast für diese Autofahrt entschädigt, aber nur fast. Der Grund, warum er hier herausfahren musste, war ihm einfach viel zu dämlich, aber das passte ja zu deutschen Fürstenhäusern.

'Verdammter degenerierter Hochadel!', dachte er sich. Immer Overstatement, Arroganz, sich für etwas Besseres halten, das kotzte ihn einfach an. Natürlich gab und gibt es diese Charaktereigenschaften in allen Bevölkerungsschichten und allen Berufen, doch dank der Regenbogenpresse sah man, dass es bei Adeligen, selbst in der heutigen Zeit, verstärkt vorhanden war. Und nun musste er sich mit einem Haufen von diesen abgehalfterten, blasierten Idioten abgeben, nur dank seiner Schwester.

Er wollte nicht daran denken und sah lieber wieder zu dem Adler, der langsam aus dem Schatten trat und sich dem Rand der Klippe weiter näherte, um abzuspringen und los zu fliegen.

Die Flügel wurden noch weiter gespreizt und nach oben gestreckt. Er sah ihm interessiert zu, doch irgendetwas passte nicht: Die Farben des Gefieders waren ziemlich grell und die Haltung sah ebenfalls seltsam aus. Doch das schien den Adler nicht zu stören. Er stieß sich von der Klippe ab und wollte losfliegen, doch das funktionierte nicht, außer es war ein Sturzflug geplant. Irritiert und leicht geschockt stieg er auf die Bremse, während der Flug nach unten immer schneller wurde. Mittlerweile sah es nicht mehr wie ein Adler aus. Das Auto kam quietschend zum Stehen, ehe eine Sekunde später, wenige Meter weiter vorne auf der Straße, der "Adler" hart aufschlug.

Er stieg schnell aus und lief zu dem zerschmetterten Wesen, das er vor einer Minute noch für einen Adler gehalten hatte. Aus der Nähe und hier liegend, erinnerte es mehr an einen Fleischklumpen mit Federn, aus dem zertrümmerte Knochen herausragten. Kein Wunder nach einem Sturz von etwa zwanzig Metern, mit dem Kopf voran. Von eben Diesem war nicht mehr viel übrig, man konnte aber trotzdem mit Sicherheit sagen, dass es definitiv kein Vogel war.

Ein Verrückter? Oder Selbstmörder? Er wusste es nicht, er wusste nur, wen er als Schuldigen haben wollte: Diese verdammte Adelssippe!
Nur wegen denen musste er überhaupt hier raus fahren und dieses Schauspiel hier mitmachen. Zu allem Überfluss begann es auch noch zu regnen.
"So eine verdammte Scheiße!", entfuhr es Max, während er nach oben zum Schloss hinter der Klippe sah und jeden Fluch ausspie, der ihm in den Sinn kam.

Hochadelsmord Kapitel 2

"Bernard, haben Sie den Tisch nun eingedeckt?" Der Baron wurde langsam ungeduldig.

"Es tut mir sehr Leid, Herr Baron, aber ich werde noch ein paar Minuten benötigen", kam als Antwort von Bernard, dem Butler, der seinen Dienst für die Familie seit vielen Jahrzehnten verrichtete.

Der Baron sah auf die Uhr, es wurde langsam knapp, wenn der erwartete Besuch pünktlich wäre, aber seine Frau hatte ihm schon gesagt, dass damit eher nicht zu rechnen war.

'Nun, in diesem Fall soll mir die Unpünktlichkeit recht sein', dachte er sich, obwohl er sie ansonsten auf den Tod nicht ausstehen konnte, zumindest bei anderen Leuten. Wenn man sich heutzutage nur auf die Angestellten verlassen könnte!

Die Minuten vergingen, und die Zeiger auf der großen, antiken Standuhr hielten unaufhaltsam auf die Zeit des Abendessens zu.

Der Baron fragte nochmals bei Bernard nach, der wieder die selbe Antwort gab wie vor einigen Minuten,als es an der zweiflügeligen Eingangstür klingelte.

Der Baron sah sich nach Bernard um, der auch schnell aus dem Speisesaal herankam und die Tür öffnete.
"Verzeihung, der Herr, aber wir geben nichts" hörte der Baron den Butler sagen. Er sah zur Tür und sah einen durchnässten Kerl, der missmutig dreinblickte. 'Was will denn dieser Penner hier?'
"Komm doch bitte rein, Bruderherz!" Das kam, etwas kühl, von seiner Frau.
Der Butler machte ein erschrockenes Gesicht, während sich Max an ihm vorbeischob in die Eingangshalle.
"Hallo Schwesterchen" gab Max zurück, ohne zuviel unglaubwürdige Wärme in seine Worte zu legen.
Nun realisierte der Baron erst, dass hier kein obdachloser Bittsteller eingetreten war, sondern sein Schwager.

"Ah, verehrter Schwager! Es ist viel zu lange her! Seit der Hochzeit, nicht wahr?"

Er reichte Max überschwänglich die Hand. "Martin, richtig?"

"Max" drückte er tonlos hervor.

"Wie lange hast du vor der Türe gestanden?", fragte seine Schwester, mit Blick auf seine nassen Sachen.

"Längere Geschichte, dazu komme ich gleich. Zeig mir erst mal, warum ich überhaupt hier bin."

Sie nestelte an ihrem viel zu feinen Handtäschchen herum, aus dem sie schließlich ein Briefkuvert zog. Max nahm den weißen Umschlag, auf dem weder eine Briefmarke, noch eine komplette Adresse zu finden war, es war schlicht "Frau Baronin" darauf zu lesen, mit Maschine geschrieben. Er blickte seine Schwester schief an, ehe er den Brief herauszog und las:

Das falsche Blut in der falschen Familie
Es wird vergehen, ehe es aufsteigt
Zur Hölle fahren, wo es in ewigem Feuer
verbrennen möge

Alles mit Maschine geschrieben. Max runzelte die Stirn und sah seine Schwester fragend an.

"Dieser Brief"begann sie, "War vor zwei Tagen im Briefkasten, ich habe gleich an dich gedacht und dich angerufen."

Als er nicht auf ihre Worte reagierte, mischte sich sein Schwager ein: "Das ist eine eindeutige Todesdrohung. Und das kurz vor meiner Einführung als Fürst am morgigen Tag. Es scheint jemanden zu geben, der verhindern will, dass Ihre Schwester mit mir den Fürstenthron besteigt."

'Im Besteigen und Einführen sollte sie sich auskennen...'

"Wir dachten uns, dass du dich darum kümmern könntest" kam es wieder von seiner Schwester.

Er wusste nicht, wie er darauf reagieren sollte, also tat er das Übliche. "Wegen so einem dämlichen Scherz von einem Gehirnamputierten muss ich hier ins Niemandsland fahren? Bist du bekloppt?"

"Verzeihen Sie, verehrter Schwager, aber ich bitte um etwas Mäßigung. Auch ein geistig verwirrter Mensch kann eine Gefahr darstellen."

'Oh Gott! Diese blasierte Art hat mich schon vor fünf Jahren angekotzt...' "Eine Gefahr für ein Adelshaus, dass im Grunde keine große Bedeutung mehr hat..."

"Wir sind ein Adelshaus mit einer 1000-jährigen Tradition!" Der Baron tat übertrieben empört. "Im Jahre 1015 hat unser Haus zum ersten Mal Erwähnung gefunden in den Aufzeichnungen von Heinrich IV. aus dem Adelsgeschlecht der Ottonen, dem Herzog von Bayern. Dieser wurde ein Jahr zuvor in Rom von Papst Benedikt VIII. zum römisch-deutschen Kaiser gekrönt. Er war unserer Familie freundschaftlich und später auch verwandtschaftlich verbunden und hatte sogar einen Vermerk auf die kaiserliche Erbfolge..." Anscheinend hörte sich der Baron selbst gerne reden. "...wenn das Kaisertum noch bestand hätte, würde morgen kein Fürst, sondern höchstwahrscheinlich ein neuer Kaiser gekrönt werden!"

'Will dieser Penner mir jetzt ernsthaft die ganze Geschichte seiner Sippschaft erzählen? Mein Heimatdorf hat dieses Jahr auch 1000-

jähriges Bestehen, und vermutlich eine bessere Tradition, als dieses bekackte Fürstenhaus... Ein Glück dass es keinen deutschen Kaiser mehr gibt, wenn ein Typ wie der es werden könnte...' "Jetzt mal ernsthaft, da erlaubt sich irgendwer einen Scherz, und ich muss dafür den halben Berg hoch latschen, in dem Regen?"
"Warum bist du den Berg hoch gelaufen?", wollte seine Schwester verwundert wissen.
"Weil so ein Bekloppter von der Klippe direkt vor mein Auto gesprungen ist, und wahrscheinlich war das auch euer Briefe schreiber."
Die Eingangshalle füllte sich langsam mit den Familienmitgliedern, sie schienen Paarweise aus ihren Gemächern zu strömen, weil bald die Futterstelle geöffnet werden würde, doch anstatt den Speisesaal zu stürmen, hielten sie inne und lauschten interessiert.
"Wie bitte? Das ist wohl einer deiner blöden Witze!", meinte seine Schwester.
"Wäre toll, wenn es Einer wäre. Aber vor 10 Minuten ist dieser Verrückte in
einem Adlerkostüm auf der Straße gelandet."

Die Anwesenden starrten Max fassungslos an. Sie schienen zu überlegen, ob er das wirklich ernst meinte, oder einen Sprung in der Schüssel hatte.
"Also, Herr Schwager, ich bin mir nicht sicher, ob-" Max schnitt ihm den Satz ab.
 "Herr Schwager" äffte er den Baron nach, "Auch wenn sie meinen, ich würde nur dumme Scherze machen, aber ich kann Ihnen versichern, dass dort auf halber Höhe des Berges auf der Straße ein zerschmetterter Körper in einem Adlerkostüm liegt, der da nicht hingehört, das heißt, wir müssen die Po-" Diesmal schnitt der Baron ihm das Wort ab.
 "Nein, nein, die Polizei können wir dabei überhaupt nicht gebrauchen. Das wird ein bedauerlicher Unfall, oder die unglaubliche Tat einer geistig verwirrten Person gewesen sein. Möglicherweise, nein, sogar höchstwahrscheinlich, haben Sie mit Ihrer Vermutung recht, und es handelt sich um den Briefeschreiber. In diesem Fall hat sich unser Anliegen erledigt und wir wollen Ihre Zeit nicht länger in Anspruch nehmen und die der Polizei erst recht nicht."

"Nun, das wird sich nicht mehr vermeiden lassen" meinte Max, nun etwas besser aufgelegt, und zog etwas aus seiner Jackentasche. "Kommissar Max Schneider, Kriminalpolizei, Mordkommission." Er zeigte seine Marke und seinem Schwager, dem Baron von Adlerstätt, verschlug es die Sprache.

Hochadelsmord
Kapitel 3

Nachdem sich der erste Schock gelegt hatte, fanden sich einige Gruppen zusammen, die aufgeregt miteinander tuschelten. Max sah sich dieses Schaupiel an und erfreute sich daran, dass er endlich einen Moment Ruhe von diesem Adelshaufen hatte. 'Ein Baron hier, ein Graf dort, Freiherr, Freifrau, Schaußpfau...'

Der Butler hatte sofort, nach dem Bericht von Max, alle Mitglieder der Familie persönlich aufgesucht und sich vergewissert, dass der Tote keiner von ihnen war.

Gunther Baron von Adlerstätt, der Schwager von Max, unterhielt sich angeregt mit seiner Ehefrau. "Warum hast du mir das nicht gesagt? Er ist Polizist, auch noch bei der Mordkommission!"

"Was dachtest du denn, als ich gesagt habe, dass sich mein Bruder um diese Drohung kümmern könnte?", gab sie spitz zurück.

"Ich dachte, er wäre Privatdetektiv oder so etwas!" Der Baron rieb sich die Schläfen, während er überlegte, wie die ganze Sache weitergehen sollte.

In einer anderen Ecke des Eingangssaals

unterhielten sich Leopold Freiherr von Adlerstätt und seine Frau Helene. Am Eingang zum Speisesaal tuschelten der Butler Bernard und Peter von Adlerstätt, der Adoptivsohn des alten Grafen. Ebendieser Graf trottete nun die Treppe herunter, schritt auf Max zu und betrachtete ihn.

"Was sind Sie denn für Einer?", wollte der glatzköpfige Graf, mit kunstvoll verzwirbelten Schnurrbartspitzen, wissen.

"Kommissar Max Schneider. Und wer sind Sie?"

"Waldemar Graf von Adlerstätt, zu Ihren Diensten!" Er deutete an, zu salutieren und grinste Max breit an.

"Haben Sie noch gar nicht mitbekommen, was auf Ihrer Auffahrt passiert ist?"

"Nur so am Rande und sehr verhalten. Man erzählt mir hier ja selten etwas!" Er hatte die Stimme erhoben und der Baron sah missbilligend zu ihm herüber. Der Alte schien sich gerne wichtig zu machen.

"Gut, ein vermutlich Verrückter hat sich in einem Adlerkostüm von der Klippe gestürzt und ist vor meinem Wagen gelandet."

Der alte Graf schien erst erstaunt, ehe er laut loslachte. "Ja gibt es denn so etwas. Da passiert endlich mal etwas und ich bekomme davon fast nichts mit!"

Er schien sich köstlich zu amüsieren.
"Finden Sie das komisch?"
"Nun, zumindest interessant. Und solange es kein neuer Trauerfall in der Familie ist, komme ich damit ganz gut zurecht. Der Tod meines Bruders letzte Woche reicht mir fürs Erste..." Nun schien er nicht mehr amüsiert, sondern zerknirscht. Offenbar ging der Alte so mit seiner Trauer um.
"Von Ihrer Familie scheinen ja alle vorhanden zu sein, also wohl kein familiärer Trauerfall. Sie sind also der Bruder des verstorbenen Fürsten?"
"Naja, nicht offiziell. Aber ich bin sein Stellvertreter, bis dieser Kerl da drüben morgen den Thron besteigt..." Er machte eine abschätzige Handbewegung in Richtung des Mannes von Max' Schwester. Der Graf schien nicht sonderlich viel von seinem Neffen zu halten, was er durchaus verstehen konnte.
"Wie meinen Sie das, 'nicht offiziell'? Sind Sie nun der Bruder des verstorbenen Fürsten?", Max war irritiert.
"Genau genommen bin ich sein Adoptivsohn." Max fühlte, wie er langsam Kopfschmerzen bekam. Diese gottverdammten Familienverhältnisse im Adel lösten bei ihm immer einen Brechreiz aus. 'Ein adoptierter Prinz hier, eine Scheinehe für einen Adelstitel

da, wie bescheuert kann man denn sein?! Alles nur wegen der Kohle! Verdammter degenerierter Hochadel!' "Also haben Sie sich adoptieren lassen, um einen Titel führen zu dürfen, korrekt?"
 Der alte Graf brach wieder in Gelächter aus, augenscheinlich sehr zum Missfallen des Barons. "Aber nein. Ich glaube, ich erkläre Ihnen das lieber später, dazu muss ich ein wenig weiter ausholen. Entschuldigen Sie mich bitte, ich muss meiner alten Blase eben Tribut zollen!" Mit diesen Worten machte er kehrt und verschwand in einem Seitengang. Max war überrascht von dem Grafen, er schien nicht die blasierte und hochnäsige Art des Adels verinnerlicht zu haben, ganz im Gegensatz zu seiner Schwester. Er wirkte eher wie ein lebenslustiger, alter Kauz. Dem widersprach allerdings, dass er sich wegen eines Titels hat adoptieren lassen. Max machte sich eine Gedankennotiz, dass er sich diesen, etwa 70-jährigen, Kerl noch genauer anschauen musste.
So, was war nun zutun? Seine Kollegen hatte Max bereits benachrichtigt, kurz nachdem der Adler gelandet war, sie sollten demnächst eintreffen und den Toten untersuchen. Insgeheim hoffte er natürlich, dass es sich bei dem Möchtegern-Adler wirklich um den

Drohbriefschreiber handelte und die Sache wäre damit erledigt. Dann könnte er schnellstens von hier verschwinden.

Max sah sich in der Vorhalle um, Adelige hier, Adelige da und dazwischen der Butler... Max kam gerade ein Gedanke in den Sinn. Er ging in Richtung des Butlers, der sein Gespräch mit Peter von Adlerstätt sehr leise führte. Als er in Hörweite kam, endete die Unterhaltung.

"Was kann ich für Sie tun, Herr Kommissar?"

"Die Familie ist ja vollständig, das haben sie persönlich nachgeprüft, aber wie sieht es mit dem Personal aus?"

Bernard wurde aschfahl, als ihm sein Fehler bewusst wurde und eilte durch eine Tür in den angrenzenden Raum.

Während Max auf die Rückkehr des Butlers wartete, sprach er Peter von Adlerstätt an.

"Und, was halten Sie von der ganzen Sache?"

"Nun", begann der etwa 30-Jährige nachdenklich, "es ist schon ziemlich seltsam, was da passiert ist, aber ich denke, das Ganze wird sich schon noch aufklären. Meist scheinen solche Dinge nur im ersten Moment sehr skurril, aber bei näherem Betrachten ist es doch etwas ganz Alltägliches."

Max dachte an einige seiner bisherigen Fälle und widersprach der Aussage des Adeligen in Gedanken. 'Viele von den Fällen, die ich

hatte, waren auch auf den zweiten Blick sehr skurril und alles Andere als alltäglich...'
Max ging in Gedanken nochmals die Familienmitglieder durch. Gunther Baron von Adlerstätt, dessen Frau (und seine Schwester) Yvonne Baronin von Adlerstätt, Leopold Freiherr von Adlerstätt, seine Frau Helene Freifrau von Adlerstätt, Waldemar Graf von Adlerstätt und Peter von Adlerstätt. 'Moment mal...'
"Warum haben Sie eigentlich keinen hochgeschwungenen Titel? Weshalb einfach nur Peter von Adlerstätt?"
"Warum interessiert Sie das?"
"Ist mir nur aufgefallen. Also, warum?", bohrte Max nach.
"Ich bin adoptiert und in unserer Familie ist es nicht üblich, einem Adoptierten einen weiter- und irreführenden Titel zu verleihen." Er bemühte sich zwar um einen neutralen Tonfall, aber Max konnte heraushören, dass ihm diese Praxis offenbar nicht gefiel.
"Aber, was ist mit dem Grafen? Er ist ebenfalls adoptiert und hat einen Titel."
"Nun, bei meinem Adoptivvater, dem Herrn Grafen, ist das ein etwas anders gelagerter Fall..."
'Oh nein', dachte sich Max, 'ein Adoptierter von einem Adoptierten... Sind in dieser

Familie überhaupt echte Adelige?' "Und warum ist das etwas Anderes bei Ihrem Adoptivvater?"

"Da fragen Sie ihn besser selbst, Herr Kommissar. Wenn Sie keine weiteren Fragen haben, entschuldigen Sie mich bitte." Damit drehte er sich um und ging in dieselbe Richtung, die der Graf vor wenigen Minuten eingeschlagen hatte.

Langsam wurde Max doch neugierig, diese Verwicklungen schienen doch vielschichtiger zu sein, als er anfangs dachte.

Max wurde auf die Schulter getippt und er drehte sich um, vor ihm stand ein kreidebleicher Bernard. Er wusste schon, was jetzt kommen würde.

"Herr Kommissar, ich habe nach dem Personal gesehen, die beiden Haushälterinnen sind wohlbehalten in der Küche, der Gärtner befindet sich in seinen Räumlichkeiten, aber...", er stockte: "Ich kann unseren Jungbutler James nicht finden."

'Warum müssen Butler eigentlich immer James heißen?' "Wann haben Sie ihn zum letzten Mal gesehen?"

"Das muss vor etwa einer Stunde gewesen sein. Ich bat ihn, einige Fahnen mit dem Familienwappen vom Speicher zu holen. Für derlei Tätigkeiten brauchte er meist recht lange, weshalb ich mir erst nichts dabei dachte, als er nicht zurückkam, aber er ist weder auf dem Speicher, noch in seinem Zimmer, ich habe selbst die Toiletten inspiziert."

Max ließ sich eine Beschreibung von James geben und rief bei seinen Kollegen an.
Er konnte beim besten Willen nicht sagen, ob das vor seinem Auto die Überreste von diesem James waren, aber der Doc würde das mit Sicherheit feststellen können.

Hochadelsmord Kapitel 4

Max hatte den Doc am Rohr, der auch schon am Ort des Geschehens eingetroffen war.

"Max, hättest du nicht ein bisschen besser parken können? Wir müssen uns hier an deiner Rostlaube herumdrücken, das ist wirklich nicht feierlich!"

"Frag mich mal, ich bin etwa einen Kilometer durch strömenden Regen zu dem bekackten Schloss gelatscht..." Dieser Spruch brachte ihm wieder einen bösen Blick von seinem Schwager ein, doch das kümmerte ihn nicht weiter.

"OK, OK, reg dich nicht gleich wieder auf. Willst du mal wieder mehr wissen, als man zu diesem Zeitpunkt sagen kann?" Der Doc kannte Max ziemlich gut.

"Für den Anfang will ich nur gerne wissen, ob der Typ, der verschwundene Butler von diesem Laden hier ist."

"Und wie soll man Den hier zuordnen? Da ist kein Knochen mehr an seinem Platz."

Max wandte sich an die versammelte Familie: "Gibt es irgendeine Besonderheit, woran man James erkennen kann?"

"Er hat eine Tätowierung an der Schulter", kam es von Helene Freifrau von Adlerstätt. 'Sehr interessant...' "Doc, hat der Adler etwas an dem, was einmal seine Schulter war?"
 "Moment, ich sehe nach. Ja, da ist was, sieht aus wie eine Art... ich glaube ein Anker."
 "Ein Anker also", wiederholte Max und Freifrau von Adlerstätt nickte, damit war die Sache klar. "Hast du sonst noch etwas?"
 "Entgegen deiner Meinung, ja. Der Drogenschnelltest hat angeschlagen."
 "Ein Drogenschnelltest? Ist das üblich?"
 "Nicht unbedingt, aber wenn ein Typ in einem Vogelkostüm von einer Klippe springt, kann man schon auf die Idee kommen, dass da Drogen im Spiel sind."
 "Hm, da könntest du Recht haben. Und was hat er geschluckt?"
 "Einen Candyflip."
 "Was?" Das klang für Max eher nach einem Milchshake als nach Drogen.
 "Das ist eine Kombination aus LSD und MDMA."
 LSD sagte ihm etwas, aber MDMA? Anscheinend deutete der Doc das Schweigen von Max richtig und schob nach: "MDMA ist, oder besser gesagt war, anfangs der Hauptbestandteil von Ecstasy, mittlerweile enthalten nur noch etwa die Hälfte aller

Ecstasy-Tabletten MDMA. Die Konsumenten sind davon natürlich wenig begeistert, weswegen viele mittlerweile auf Molly umgestiegen sind, MDMA in Pulverform. Doch da war der gleiche Effekt zu beobachten, weshalb mittlerweile die MDMA-Kristalle am beliebtesten-" Max unterbrach den Doc in seinem Vortrag.
"Schon OK, also er war total high. Hat er sich auch deswegen von der Klippe gestürzt?"
"Gut möglich. LSD ist dafür bekannt, Halluzinationen auszulösen und in Verbindung mit MDMA verstärkt sich das noch."
"OK, danke soweit, Doc.", Max legte auf. "Also Ihr Butler ist total zugedröhnt von der Klippe gesprungen, wusste jemand von Ihnen davon, dass er Drogen nahm?"
 Max erntete für diese Frage, fast ausnahmslos, entsetzte Blicke. Drogen, hier in einem Adelshaus? Das durfte nicht sein, zumindest nicht offiziell. Einzig der Graf schien sich wieder zu amüsieren, zumindest hatte er ein Grinsen aufgesetzt.
 Der Erste, der seine Sprache wiederfand, war Leopold Freiherr von Adlerstätt. "Herr Kommissar, entschuldigen Sie bitte, aber wie können Sie auch nur annehmen, dass wir von solchen... Praktiken wüssten?"
Wieder diese hochgestochene Sprache.

"Ich habe eine einfache Frage gestellt, warum bekomme ich keine einfache Antwort?"

"Ich ging bereits davon aus, dass Sie ein Freund von einfach gehaltenen Antworten sind, also werde ich es sehr einfach halten: Nein, wir wissen nichts von dergleichen."

"Gut, mal sehen, ob das die anderen Familienmitglieder auch so sehen; und natürlich die Angestellten."

"Ist das wirklich Ihr Ernst?", wollte Freifrau von Adlerstätt wissen. "Sie wollen uns alle befragen?"

"So sieht es wohl aus." Max ordnete seine Gedanken. Es gab zwei Dinge zu überprüfen. Die erste Sache musste er aber erst erörtern.

"Hat heute schon jemand in den Briefkasten gesehen?" Die Familienmitglieder sahen sich fragend an, während sich Bernard in Bewegung setzte.

"Erwarten Sie einen Abschiedsbrief, Herr Schneider?", wollte Peter von Adlerstätt wissen.

"Eventuell, vielleicht auch nur wirres Zeug, das im Drogenrausch geschrieben wurde, aber wir werden sehen."

Bernard kam wieder recht blass zurück, in seiner rechten Hand befand sich ein Briefumschlag. Natürlich kannte Max die Vorschriften in Bezug auf die Sicherung von

Beweistücken, aber Bernard trug weiße Butlerhandschuhe, die eventuelle Spuren nicht stark beschädigen sollten. Er übergab den Brief unsicher an Max, der sich ein Paar Einweghandschuhe übergezogen hatte. Wieder war nur die Lasche des Kuverts eingesteckt und nicht zugeklebt. Und wieder war mit Maschine 'Frau Baronin' darauf geschrieben. Er öffnete das Kuvert, zog das Blatt heraus, klappte es auf und las.

Die Adelssippe hatte sich genähert und beäugte Max und den Brief neugierig. Max nahm die Worte in sich auf, ehe er sie für alle klar verständlich aussprach:

Es wird bald geschehen, der Tod ist schon nah.
Doch der erste Tod, er kam schon ins Haus.
Der alte Fürst, so krank er auch war, er starb nicht von selbst, sondern durch fremde Hand.

Max senkte den Brief und hob den Blick. Er sah in erschrockene Gesichter, was nur zu verständlich war. Das war nicht der Abschiedsbrief eines Selbstmörders, sondern das Bekenntnis eines Mörders.

Hochadelsmord
Kapitel 5

Max blickte in die Runde und versuchte in ihren Mienen zu lesen. Bei Einigen war Schock zu erkennen, bei Anderen schien es mehr Wut zu sein. 'Hm, schockiert kann man aus zwei Gründen sein, entweder weil man eine Information erhalten und nicht damit gerechnet hat, oder weil man davon ausging, dass man seine Spuren gut genug verwischt hatte, sodass niemand auf die Wahrheit hätte kommen dürfen...' In Max keimte ein Verdacht auf, den er weiterverfolgen wollte.

"Also, jetzt wird die Sache langsam interessant", kam es vom Grafen. "Dann ist mein armer Bruder also doch nicht in Ruhe und Frieden aus dem Leben geschieden. Hat er vielleicht jemandem zu lange gelebt, mit seinen 85 Jahren?" Er sah seine Familienmitglieder der Reihe nach an.

"Waldemar, bitte!", der Baron konnte sich nur mit Mühe beherrschen. "Das ist nicht der passende Ort und die passende Zeit für deine absurden Verschwörungstheorien!"

"Ich würde die Theorie gerne hören, Herr Graf", entgegnete Max seinem Schwager und

Waldemar Graf von Adlerstätt. "Dieser Brief wirft wohl ein neues Licht auf so Manches. Und sei die Theorie des Herrn Grafen auch noch so absurd, ich möchte mich selbst davon überzeugen."

"Herr Schwager, Max, darf ich Sie Max nennen?"

"Nein."

"Also, Herr Kommissar, es ist im Grunde so, dass Adlerstätt, leider kein eigenständiges Fürstenhaus mehr ist, wie in den guten alten Zeiten. Aber wir sind hier immer noch eine eigene Gemeinde und Ihre Zuständigkeit endet genau am Fuße des Berges, da die Stadt, in der Sie Kommissar sind, nicht für uns hier zuständig ist." Der Baron sah hämisch zufrieden auf Max herab.

"Nun, wenn das so ist, Herr Baron, dann frage ich den Herrn Grafen hiermit, ob er sich mit mir, rein privat, unterhalten möchte."

"Aber nur zu gerne, Herr Schneider!", erwiderte der Alte fröhlich.

"Sie können mich Max nennen."

"Sehr freundlich von Ihnen, nennen Sie mich Waldemar. Am Besten gehen wir in meine Gemächer, aber lassen Sie mir noch einen Moment Zeit, ich hole mir nur schnell einen Imbiss im Speisesaal!"

"Natürlich, ich muss sowieso noch einen

Anruf machen."

Dem Baron blieb der Mund offen stehen, als er das freundschaftliche Geplänkel von Max und dem Grafen verfolgte, er hätte wohl am liebsten Beide rausgeschmissen.

Max zog sein Handy aus der Tasche und wählte abermals die Nummer des Gerichtsmediziners.

"Doc, wir haben noch etwas zutun: Der verstorbene Fürst von Adlerstätt wurde eventuell ermordet, wir müssen das nachprüfen. Also besorge dir den Bericht des Arztes, der den Tod festgestellt hat und lass den Fürsten exhumieren. Ich brauche die Ergebnisse so schnell wie irgend möglich."

"Moment, langsam, Max. Ich glaube, da könnten wir Probleme mit der Zuständigkeit bekommen..."

'Oh nein, jetzt fängt der auch noch an!' "Mach dir da mal keine Sorgen, soweit ich mich erinnere, wurde der Fürst, seinem Wunsch gemäß, auf einem Friedhof, bei uns in der Stadt beerdigt, da sind wir zuständig. Außerdem haben wir einen begründeten Verdacht, hier ist ein Brief aufgetaucht, indem behauptet wird, dass der Fürst ermordet wurde. Und was die Ermittlungen angeht, da kümmere ich mich schon drum." Ein Glück, dass er sich an einen Zeitungsartikel der letzten Woche erinnerte, wo das Begräbnis des Fürsten näher betrachtet wurde.

Max verabschiedete sich von dem Gerichtsmediziner und sah auf, direkt in das Gesicht von Gunther Baron von Adlerstätt.

"Ist das wirklich Ihr Ernst, Herr Kommissar? Sie wollen meinen Vater ausgraben lassen?" Seine Stimme klang, als hätte ihm jemand ein unglaubliches Märchen erzählt.

"Denken Sie, ich mache Witze?"

Ehe sein Schwager etwas erwidern konnte, kam auch schon der Graf zurück und hielt einen Teller in der einen und eine Flasche Wein in der anderen Hand. "Herr Kommissar, ich meine Max, könnten Sie sich noch schnell zwei Gläser schnappen und mir dann unauffällig folgen?"

"Klar doch", sagte dieser über die Schulter. Er wandte sich, ohne ein weiteres Wort, von seinem Schwager ab und ging in den Speisesaal. Mit zwei Gläsern bewaffnet, folgte er dem Grafen die Treppe hinauf. Als er aus der Hörweite der Adelssippe war, mit Ausnahme des Grafen, holte er nochmals sein Mobiltelefon heraus und rief seinen Kollegen Arni an.

"So, Herr Max, nun stellen Sie mir die Fragen, die Sie beschäftigen", sagte der Graf, während er sich noch ein Glas Wein einschenkte. Max hatte zuerst dankend abgelehnt, ehe er sich doch ein halbes Glas einschenken ließ, während sich der Graf von seinem Teller bediente. Es war eine gute Auswahl an kleinen, belegten Weißbrotscheiben. Schinken, Käse, Wurst und etwas, das nach Kaviar aussah. Max sah es fast als eine normale Brotzeit an, doch dafür schien es zu luxuriös. Auch die Zimmer des Grafen waren sehr großzügig: Hohe Decken, dunkle, vermutlich antike, Holzmöbel und ein Fernseher mit mindestens 1,50 Meter Bildschirmdiagonale. Ohne Zweifel, dem Adel in Deutschland ging es zu gut.

"Nun, erst einmal würde mich nun interessieren, wie das mit dem verstorbenen Fürsten zusammenpasst; von wegen Bruder oder Adoptivvater."

"Ah, eine sehr interessante Geschichte. Nun, es war in einem Sommer, vor einigen Jahrzehnten, da gebar meine selige Mutter mich. Zu der Zeit war sie hier als Hausmädchen angestellt, unter dem damaligen Fürsten Maximilian von und zu Scheißkerl Adlerstätt. Wobei 'unter' das entscheidende Wort ist, dieser Bastard hat sich an allem bedient, was als Frau durchgegangen ist. Ich möchte lieber gar nicht wissen, wie viele

Stiefgeschwister ich noch habe. Jedenfalls hat er natürlich nicht Eines seiner Kinder, die außerhalb der Ehe gezeugt wurden, anerkannt, zumindest soweit ich weiß. Es wurden ein paar tausend Euro überwiesen und vorbei war die Geschichte. Natürlich wurde meine Mutter auch entlassen und sie wurde dazu genötigt, ein Papier zu unterschreiben, dass sie niemandem von der ganzen Geschichte erzählen durfte. Sonst würde man sie verklagen und die Abfindung zurück fordern. Dennoch machte die Geschichte die Runde und mein Bruder, der mir schon damals wohlgesonnen war, hat sie in Interviews auch nicht dementiert, im Gegensatz zur restlichen Familie. Da ich ja offiziell kein Adeliger war, habe ich auch nicht das Geringste dafür getan, die Etikette zu wahren, was die Reporter natürlich auf meine Spuren getrieben hat. Doch ich habe nie einen Hehl daraus gemacht, dass ich das Leben genießen wollte, also verloren die Reporter irgendwann wieder das Interesse. Als dann mein und Friedrich's Vater, viel zu spät, mit 63 Jahren in die Hölle abberufen wurde, holte mich mein Bruder wieder zurück. Jedoch konnte er mich nicht einfach als seinen Bruder anerkennen, das hätte der alte Mistkerl tun müssen, also hat er mich kurzerhand adoptiert. Und da ich direkt vom Fürsten adoptiert wurde, bekam ich auch einen Titel. Darüber hinaus machte er mich zu seinem Stellvertreter, was Einigen hier ziemlich missfiel, am Meisten wohl unserer geliebten Schwester." Der Graf verzog das Gesicht zu einem hämischen Grinsen. "Als sie sich offen gegen mich stellte, hat sie mein Bruder kurzerhand vom Familiensitz verbannt. Ebenso hat er ihr untersagt, ihren Titel Baroness zu tragen. Daraufhin hat sie sich in das Haus Falkenstadt eingeheiratet und trägt nun den Titel Gracia Baronin Herzogin von Adlerstätt zu Falkenstadt, total bescheuert, aber ihr scheint es zu gefallen." Der Graf machte eine Pause zum Durchatmen.

Max konnte die Aversion des Alten gegen seine Familie nun besser verstehen, wenn er auch nicht ganz nachvollziehen konnte, warum er es sich antat, hier zu wohnen; aber vermutlich, um seiner ungeliebten Verwandtschaft auf den Geist zu gehen, was er sehr befürwortete.

"Also war Ihr Bruder und Adoptivvater kein klassischer, hochnäsiger Adeliger." Das war mehr eine Feststellung als eine Frage.
"Ha! Weiß Gott nicht! Er hat mit einigen, veralteten Geboten gebrochen und hat seinen eigenen Weg gefunden, der, wie ich das sehe, besser war als alles, was es vorher gab. Aber

wie bereits erwähnt, unsere Schwester war da ganz anders, sie kam genau nach unserem Vater: Machtbesessen und arrogant, immer der Meinung, der Adelsstand erhob sie über normale Leute. Sie hätte perfekt in eine Adelsfamilie gepasst, vor 300 Jahren."

Der alte Knochen wurde Max immer sympathischer, er hatte etwa die gleichen Ansichten wie er selbst.

"Verzeihen Sie bitte, ich muss da eben etwas tun", sagte der Graf, nachdem er zu Ende gegessen hatte und griff in seine Jackentasche. Max war schon aufgefallen, dass sie ausgebeult war, dachte aber an eine Pfeife oder so etwas, doch der Graf zog ein längliches, silbernes Objekt heraus. War das, der Lauf eines Revolvers? Er war irritiert, wollte ihn der Alte etwa über den Haufen schießen?

Max Gedanken rasten, doch ehe er nach seiner eigenen Waffe greifen konnte, steckte sich der Graf das spitzzulaufende Ende des Gegenstands in den Mund. Eine dicke Dampfwolke erfüllte Sekunden später den Raum.

"Sie müssen entschuldigen, aber wenn mein Nikotinspiegel aus dem Gleichgewicht kommt, kann ich für Nichts garantieren", sagte der Graf, ehe er erneut genüsslich an seiner elektrischen Zigarette zog.

Der Herzschlag von Max normalisierte sich wieder, doch seine Verwunderung blieb. "Sie rauchen E-Zigarette?"
"Falsch, ich rauche nicht mehr, ich dampfe. Den Unterschied musste ich auch schon einigen Wirten erklären, die sollten das doch langsam kapiert haben."
"Und wie lange machen Sie das nun schon?"
"Etwa seit sieben Jahren, seit mir mein Arzt sagte, wenn ich weiter Zigaretten, Zigarren und Pfeife rauchen sollte, werde ich bald keine Lunge mehr haben. Aber komplett damit aufzuhören, habe ich etliche Male nicht geschafft. Dann hat mir mein Adoptivsohn davon erzählt und ich habe es einmal ausprobiert. Und siehe da, es hat geklappt! Seither kann ich diese Monstertreppe draußen hochsprinten, ohne auch nur leicht außer Atem zu kommen. Außerdem wollte ich nicht noch mehr Körperteile verlieren, eine Niere weniger reicht mir schon, ich habe da einen dummen Unfall gehabt. Aber ich glaube, wir schweifen ab, was wollten Sie noch wissen, mein Guter?"
"Wie kamen Sie eigentlich zu Ihrem Adoptivsohn?"
"Aja, der gute Peter. Ich sage Ihnen, der sollte eigentlich gar nicht hier sein. Nicht, dass ich ihn nicht mögen würde, aber er ist im Grunde zu gut für diese Familie. Er war der Sohn

meiner Nichte, sie ist leider schon vor vielen Jahren gestorben, also habe ich mich seiner angenommen."

"Und wie kommt es, dass er nur ein 'von Adlerstätt' ist? Ohne Freiherr oder so etwas? Ihr Bruder schien das Ganze doch sicher liberaler zu sehen als Ihr Vater?"

"Das stimmt, aber leider hat sich auch immer mehr mein missratener Neffe in die Führung des Fürstenhauses eingemischt, da mein Bruder nicht mehr bei bester Gesundheit war; damals schon. Ich war zwar sein offizieller Stellvertreter, aber solange er im Allgemeinen imstande war die Amtsgeschäfte zu führen, blieb ich im Hintergrund. Leider habe ich zu spät bemerkt, dass Friedel's Sohn und der Sohn unserer verdammten Schwester, Leopold, meinem Bruder immer wieder zugesetzt haben. Ab irgendeinem Punkt konnte, oder wollte, er ihnen nicht mehr die Stirn bieten, er hat viel Kraft eingebüßt durch seine Krankheiten: Herzschwäche, Kreislaufprobleme, Bluthochdruck, ich kann gar nicht alles aufzählen... Aber was mir am Meisten zu schaffen macht, ist, dass Peter versucht, den Beiden zu gefallen. Er möchte zur Familie gehören, aber sie zeigen ihm immer, dass er in ihren Augen kein 'echter' von Adlerstätt ist. Ha, mir wären fünf von seiner

Sorte lieber als zehn von deren Sorte. Wissen Sie, Gunther ist eigentlich auch nur ein gewöhnlicher Freiherr, aber er bestand darauf immer als Baron angesprochen zu werden; ließ es sich sogar schriftlich von meinem Bruder bestätigen. Nur weil es höher klingt als Freiherr, dabei ist Baron nur die Höflichkeitsanrede von einem Freiherrn. Dieser Penner hat meinem Bruder immer wieder, mit solchen verrückten und unnötigen Ideen, das Leben schwer gemacht."

"Meinten Sie das vorhin damit, als sie sagten, dass Ihr Bruder zu lange lebte? Dass Ihre beiden Neffen Ihren Bruder mit dem Ärger, dem sie ihm bereiteten, ins Grab gebracht haben?"

Der Graf machte große Augen. "Alle Achtung, Max, Sie sind auf Zack! Genau das habe ich gemeint, aber da nun dieser Brief aufgetaucht ist, bin ich mir nicht mehr so sicher, ob sich alle hier darauf beschränkt haben, ihn zu Tode zu ärgern."

Max sah das genauso. Der Brief konnte zwar nichts bedeuten, vielleicht aber auch alles. Außerdem war immer noch nicht klar, ob die Briefe überhaupt von dem "Adler" James stammten. Max wollte gerade die Frage nach der Frau von Leopold stellen, seinem zweiten missratenen Neffen, als sein Handy klingelte;

es war Arni.

"Hey Max, warum lässt du es immer so lange läuten?"

"Nun mach mal halblang, das waren doch höchstens zehn Sekunden!"

"Eben, zehn Sekunden! Aber zur Sache, ich habe mit dem Polizeichef telefoniert, der zuständig ist für Adlerstätt, und er war ziemlich... naja, sagen wir erzürnt darüber, dass dieser Bald-Fürst von Adlerstätt für die morgigen Feierlichkeiten zig Sicherheitsvorschriften an seine Leute rausgegeben hat. Er hat fast doppelt so viele Leute verlangt, wie für so ein Ereignis nötig wären. Er hat auch so etwas gesagt wie: 'Dieser dumme Pisser bildet sich wohl ein, er wird zum König von England gekrönt!' Von daher gibt er nur zu gerne die Verantwortung über die Ermittlungen an uns ab, besonders als ich ihm erzählt habe, dass du die Ermittlungen führst."

Max konnte sich ein Grinsen nicht verkneifen.

"Wunderbar, dann ist das mit der Zuständigkeit in trockenen Tüchern, gut gemacht!" Er verabschiedete sich von seinem muskelbepackten Kollegen Arni und legte auf. Doch ehe er das Gespräch mit dem Grafen wieder aufnehmen konnte, klingelte es erneut, diesmal war es der Gerichtsmediziner.

"Max, halt dich fest, wir können den Fürsten nicht exhumieren."
"Was? Hat dieser Penner von Adlerstätt etwa seine Anwälte eingeschaltet?"
"Ja, das auch, aber das ist nicht der Grund. Der Fürst liegt nicht im Grab!"
"Wie bitte? Die Leiche wurde aus dem Grab gestohlen?"
"Nein nein, eben nicht. Wir haben das Grab gar nicht geöffnet, wissen also nicht, wer da drin liegt, aber bestimmt nicht der Fürst."
"Und woher wisst Ihr das bitte?"
"Weil er in der Gerichtsmedizin ist. Er lag in einem der Kühlfächer in meiner Gerichtsmedizin! Er wurde vor zehn Minuten zufällig beim Saubermachen gefunden."
Max blieb der Mund offen stehen. "Wie ist das denn möglich?"
"Keine Ahnung, aber das Wichtigste ist, die Leiche des Fürsten weißt erhebliche Verfärbungen auf, wie sie nur bei Vergiftungen auftreten. Die näheren Untersuchungen stehen zwar noch aus, aber es ist zu 99 % sicher, dass er vergiftet wurde!"

Hochadelsmord Kapitel 6

Max hatte seine Hoffnung, hier bald herauszukommen, mittlerweile begraben. Dass der alte Fürst vergiftet wurde, ließ darauf hindeuten, dass sich die ganze Geschichte nun doch länger hinziehen würde. Aber immerhin hatte er einen netten Kerl zum Reden gefunden, mit dem man gut über den Adel herziehen konnte.

Er hatte von Bernard die Familie zusammenrufen lassen. Nun standen wieder alle in der Eingangshalle und starrten Max an, während er sie darüber informierte, dass der verstorbene Fürst vergiftet wurde. Die Mienen der Adelssippe waren erfüllt von Erstaunen, Verwunderung, Ratlosigkeit und Wut, bei manchen alles zeitgleich. Zum Beispiel bei dem Grafen, doch das begann schon in seinen Räumlichkeiten, als Max dem Grafen von seinen Erkenntnissen ins Bild setzte.

Der Kommissar machte eine kurze Pause, ehe er genüsslich mitteilte, dass er nun für den Fall zuständig sei.

"Herr Schneider, ich würde Sie bitten, diese... Ermittlungen, könnten doch bestimmt noch ein

wenig warten, da die morgige Krönungszeremonie doch äußerst wichtig-"
"Die Krönung morgen würde ich an Ihrer Stelle absagen."
"Wie bitte?", fragte der Baron fassungslos, während der Graf im Hintergrund lächelte.
"Sie haben mich schon verstanden, sagen Sie Ihren Gästen ab, den Hohenzollern, den Welfen, den Schaumburg-Lippes und wie sie alle heißen, auch den britischen Royals, falls die überhaupt kommen wollten." Max machte eine Pause und genoss für einen Moment die entgeisterte Miene seines Schwagers, ehe er sich an alle wandte: "Meine Damen und Herren, für den Fall, dass Sie es noch nicht erfasst haben: Wir haben es nun nicht mehr nur mit einer Morddrohung zutun, sondern vermutlich auch mit Mord, was soviel heißt wie: Ich muss Sie alle bitten, die Stadt nicht zu verlassen." Den Spruch brachte er zu gerne.
"Was soll denn diese Bemerkung bedeuten?", platzte es aus seinem Schwager heraus. "Wollen Sie damit eventuell andeuten, dass Sie eine Person aus unserer Familie verdächtigen?"
Schon wieder diese geschwollene, umständliche Sprache... "Ja", entgegnete Max relativ gleichgültig. "Genau das, wollte ich damit andeuten."

Die mühsame Zurückhaltung des Mannes seiner Schwester bröckelte zusehends. "Was erlauben Sie sich eigentlich, Sie... Provinz-Bulle!"
'Ah, endlich ein wenig normale Wut, anstatt diese blasierte Arroganz!' "Ob Provinz-Bulle oder Polizeipräsident, ich bestimme hier, wo es langgeht." 'Ah, das tat gut.' "Und ich sage Ihnen, da Sie alle unter Mordverdacht stehen und mir vorhin ja lang und breit erklärt haben, dass dieser Adelssitz hier als selbstständige Gemeinde gilt, dass, solange dieser Mord nicht geklärt ist, keiner von Ihnen von hier verschwinden wird." 'Ja, das fühlt sich verdammt gut an!' "Ich werde Sie alle einzeln verhören, bis dahin können Sie sich in Ihre Gemächer zurückziehen, aber vorher händigen Sie mir bitte noch Ihre Autoschlüssel, Motoradschlüssel, Flugscheine, Bootsführerscheine und eventuell vorhandene Behindertenausweise aus." 'Hehe.'
Ehe man sich versah, war der Empfangsbereich der Villa leergefegt, einzig seine Schwester und der Graf standen noch da. Sie hatte ihrem Ehemann noch ein paar beruhigende Worte zugeflüstert, ehe er, wie die Anderen, davon getrabt war. Max hörte etliche Türen zuknallen, nicht gut für das teure Holz.
"Das hat dir Spaß gemacht, oder?", blaffte ihn

seine Schwester an.
'Soll das ein Witz sein?!' "Ja. Sehr."
"Warum bist du nur so?"
"Das könnte ich auch jeden von Denen fragen; und dich auch. Du gleichst dich Ihnen immer mehr an Schwesterherz."
"Wenn man sich in diesen Kreisen bewegt, muss man sich nun einmal ein wenig anpassen."
"Du sagst 'diese Kreise' und nicht deine Kreise, anscheinend fühlst du dich selbst nicht so ganz zugehörig, oder?"
Sie kniff die Augen zusammen und stapfte beleidigt davon. Das kannte er von ihr. So war sie immer, wenn er einen wunden Punkt bei ihr traf, besonders wenn sie wusste, dass er Recht hatte. Max konnte seine Schwester schon immer leicht durchschauen und mit der Zeit konnte er diese Gabe auch auf Andere anwenden, das machte ihn wohl zu einem so guten Kommissar.
"Also Max, ich muss Ihnen ein Kompliment machen: Was Sie hier heute geleistet haben, habe ich in meinen ganzen 74 Lebensjahren nicht geschafft!", sagte der Graf anerkennend. "Na, na, na, Herr Graf, soweit ich Sie vorhin verstanden habe, dürften Sie Ihrem Neffen und Ihrer Schwester auch das ein oder andere Kopfzerbrechen bereitet haben", meinte Max

mit einem Zwinkern.
"Natürlich, aber nicht an einem einzigen Tag! Das ist eine stramme Leistung!"
"Sehen wir mal", erwiderte Max in Gedanken, "der Tag ist noch nicht vorbei."

Hochadelsmord Kapitel 7

Diese Entwicklung hatte wohl niemand vorausgeahnt, selbst Max nicht. Der alte Fürst, mit unzähligen Krankheiten gesegnet, schien vergiftet worden zu sein. Gift, das klassische Mordwerkzeug in der Monarchie und auch die bevorzugte Waffe von Feiglingen. Von daher schloss Max den Grafen fast schon als Täter aus, obwohl er nicht zu vorschnell urteilen wollte, nur weil ihm der Alte sehr sympathisch war.

Es war an der Zeit mit den Verhören zu beginnen, wobei sich Max lieber weiter mit dem Grafen unterhalten hätte. Doch so konnte man keine Ermittlungen führen, oder? Also mit wem sollte er beginnen? Nach kurzem Abwägen entschied er sich für Helene Freifrau von Adlerstätt. Nachdem er sich bei Bernard nach den Räumlichkeiten von der Ehefrau von Leopold Freiherr von Adlerstätt erkundigt hatte, stand er wenige Minuten später vor einer schweren, doppelten Eichentür. Max klopfte an das dunkle Holz; kurze Zeit später wurde geöffnet.

"Was wollen Sie?", kam es misstrauisch von

dem Freiherrn.
"Na, was denken Sie wohl? Meine Ermittlungen aufnehmen. Ist Ihre Frau da?"
"Ja, warum?"
"Weil ich mit Ihr zuerst reden will, während Sie sich bitte, in einem anderen Teil des Hauses, zu meiner Verfügung halten."
"Wollen Sie mich etwa aus meiner eigenen Wohnung werfen?" Der Freiherr hatte die Stimme erhoben, bemühte sich aber weiterhin um einen arroganten Adelstonfall.
"Nur, wenn Sie sich nicht freiwillig verziehen, Herr Freiherr."
Nach einigen Sekunden, in denen sich der Adelige bestimmt sämtliche Verbalattacken durch den Kopf gehen ließ, die er jemals gehört hatte, rief er seiner Frau zu, dass er einen Drink im Speisesaal nehmen werde, solange der Kommissar mit ihr sprach.
Nachdem er verschwunden war, betrat Max die Wohnung, die, zu seiner Überraschung, recht modern und sehr 'unadelig' eingerichtet war, zumindest nach Max' Meinung.
Helene Freifrau von Adlerstätt saß auf einem silbergrauen Sofa mit schwarzen Armlehnen und hatte ein Glas Rotwein in der Hand. Als Max näher trat, setzte sie ein zuckersüßes Adelslächeln auf.
"Herr Kommissar, kann ich Ihnen auch ein

Glas anbieten?" Ihre Stimme triefte, wie ihr Lächeln, von falscher Freundlichkeit.

"Nein danke, ich bin nicht durstig."
'Außerdem habe ich schon beim Grafen genug Wein gehabt.'

"Wie kann ich Ihnen denn helfen, Herr Kommissar?" Sie betonte das Wort "Kommissar" so, wie es Max schon in zig Pornofilmen gehört hatte.

"Nun", begann er leicht süffisant, um erst einmal mitzuspielen, "sie können sich wahrscheinlich vorstellen, dass diese ganze Sache eine Menge Fragen aufgeworfen hat. Erst diese Briefe, dann der abgestürzte Adler und nun das, mit dem verstorbenen Fürsten. Vielleicht könnten Sie mir helfen, einige der Fragen zu beantworten." Max sah sie erwartungsvoll an.

Helene sah ihn mit ihren braunen Unschuldsaugen an, während sie sich wie ein kleines Schulmädchen mit einer Hand über ihr seidiges, schwarzes Haar strich. "Ich würde Ihnen sehr gerne helfen, Herr Kommissar, aber ich weiß nicht besonders viel über Adelsangelegenheiten. Wissen Sie, ich kenne mich in anderen Bereichen besser aus."

Was das für Bereiche waren, konnte sich Max schon denken.

"Ja, das ist mir auch schon aufgefallen. Dann

sollten wir nicht länger um den heißen Brei herumreden, und zur Sache kommen." Seine Stimme war fast ebenso sanft wie ihre.

Ihr Blick verriet Zustimmung. Mittlerweile war die Hand, von ihren Haaren, über ihren Hals, bis zu ihrem Dekolleté gewandert und ihre feinen Finger wanderten zwischen ihren festen Brüsten weiter nach unten. Sie würde wohl bald ihr tief ausgeschnittenes, cremefarbenes Abendkleid abstreifen.

"Wie lange hatten Sie eine Affäre mit dem Butler James?"

"Was?" Ihre Hand erstarrte, als sie gerade dabei war, eine ihrer Brüste freizulegen.

"Sie haben mich schon verstanden." Die Stimme von Max hatte wieder ihren üblichen Ton angenommen und die Freifrau schien schockiert. Ob von der Tatsache, dass Max ihre Affäre durchschaut hatte oder dass er nicht auf ihr Angebot eingegangen war, konnte man nicht genau sagen. "Eine Ankertätowierung auf der Schulter sieht man nicht unbedingt bei vielen Gelegenheiten und erzählen Sie mir nicht, dass Sie den Butler zu Ihren Pool Partys einladen. Also, wie lange ging das Ganze?"

Sie hatte den Schock anscheinend noch immer nicht überwunden, sie war nach wie vor in ihrer Bewegung erstarrt.

Langsam sah die Situation unfreiwillig

komisch aus, was ihr nach einiger Zeit wohl auch klar wurde. Sie zog ihr Abendkleid zurecht und bemühte sich um einen ruhigen Tonfall, was ihr nur ansatzweise gelang. "Herr Kommissar, bitte, sagen Sie das nicht meinem Mann, ich flehe Sie an."

"Was genau meinen Sie? Die Affäre mit James, oder das, was Sie eben hier versucht haben?" Max genoss es, sie leiden zu sehen.

"Beides natürlich. Wissen Sie, ich bin eigentlich nicht so, es ist nur... James war so galant, freundlich und..."

'...besser gebaut als dein Zahnstocher von Ehemann, nicht wahr?' "Also, wann fing das an und wie lange ging das?"

"Vor etwa zwei Monaten sind wir... uns näher gekommen, anfangs war alles ganz harmlos...", stammelte sie.

'Wer`s glaubt...'

"Und ich wollte auch gar nicht, dass da etwas passiert..."

'Na sicher!' "Und wann haben Sie zum letzten Mal Ihrem Hobby gemeinsam gefrönt?"

"Heute morgen, als mein Mann Einiges in der Stadt besorgt hat."

"Sie wirken nicht besonders traurig darüber, dass Ihr Geliebter den Abflug gemacht hat."

'Hehe.'

"Geliebter ist ein vielleicht zu starkes Wort,

wir haben uns gemeinsam amüsiert. Aber natürlich war ich schockiert, als ich davon erfuhr." Sie versuchte, ein trauriges Gesicht zu machen, was ihr nicht gelang. Als Schauspielerin wäre sie längst arbeitslos.

'Geschockt wie Jeder, der davon hört, dass jemand in einem Adlerkostüm von einer Klippe hüpft, aber nicht wie Jemand, der dem Adler nahestand. Entweder der Typ bedeutete ihr nicht viel, oder sie wusste, dass er sterben würde...' "Haben Sie jemals mitbekommen, dass James Drogen konsumiert hat?"

"Drogen? Nein, davon weiß ich nichts." Das klang so, als ob eine Prostituierte sagen würde, sie wisse nicht, was Fellatio ist.

"Und wie war Ihr Verhältnis zu dem verstorbenen Fürsten?"

Sie blickte ihn geschockt an, bis ihr klar wurde, dass er mit 'Verhältnis' nicht das meinte, was sie dachte.

"Ich bin gut mit ihm zurecht gekommen, er war ein netter, älterer Herr. Vielleicht ein wenig verschlossen." Ihre Stimme verriet, dass sie bei ihm auch nicht landen konnte.

"Gut, das sind vorerst alle Fragen, die ich an Sie habe." Mit diesen Worten verließ er das Zimmer und ließ diese Vorzeige-Ehefrau allein.

'Hat die blöde Kuh wirklich gedacht, dass sie

mich so leicht verarschen kann?' Aber das Gespräch war sehr aufschlussreich. Zum Einen war Max jetzt klar, dass James Drogen konsumiert hatte, und seine Geliebte wusste davon. Zum Anderen erkannte er, dass Helene Freifrau von Adlerstätt eine schlechte Lügnerin, aber eine gute Schlampe war.
Nun machte sich Max auf den Weg zum Speisesaal und dem gehörnten Freiherrn.

Hochadelsmord Kapitel 8

Als Max im Speisesaal ankam, saß Leopold Freiherr von Adlerstätt an der Hausbar. Er hielt ein großes Glas in der Hand, das eine klare Flüssigkeit enthielt, die bestimmt kein Wasser war.

Nachdem er Max kommen sah, versuchte er ein hochnäsiges Adelsgesicht aufzusetzen, was ihm durch den Alkohol in seinem Blutkreislauf nicht wirklich gelang.

"Ah, ich sehe, Sie haben sich schon für das Verhör vorbereitet."

"Ja, allerdings", lallte der Freiherr.

"Wie gut kannten Sie den Butler James?"

"Im Grunde gar nicht."

"Er war hier Butler."

"Ja, aber das bedeutet schließlich nicht, dass man sich persönlich näher kommt."

'Ihre Frau würde das wohl anders sehen...'

"Wie lange war er hier im Haus?"

"Seit etwa sechs Monaten, vielleicht etwas kürzer."

"Wissen Sie, was er in seiner Freizeit getan hat?" 'Außer, mit Ihrer Frau zu vögeln...'

"Herr Kommissar, ich glaube, Sie verstehen

nicht ganz, wie das mit Bediensteten vor sich geht. Sie arbeiten hier bei uns, leben aber für sich. Sie gehören nicht zur Familie."
'Ah, wieder diese Arroganz, wie ich sie vermisst habe.' Max rieb sich die Schläfen. 'Gut, Themawechsel.' "Also erzählen Sie mir, wie Sie mit Ihrem Onkel ausgekommen sind."
 "Sehr gut, wie es immer bei uns in der Familie war und ist."
'Dass ich nicht lache!' "Es gab also keine Reibungspunkte, zum Beispiel wie das Adelshaus geführt werden sollte?"
 "Der Kurs des Fürstenhauses wird vom amtierenden Fürsten bestimmt."
'Zitiert dieser Kerl aus dem offiziellen Fürstenleitfaden?' "Also waren Sie auf einer Linie mit den Ansichten von Friedrich Fürst von Adlerstätt?"
 Der Freiherr versuchte einen Fleck von seiner Brille zu wischen, verschmierte sie dabei aber noch mehr, ehe er sagte: "Ja, voll und ganz." Dieser Typ log zwar besser als seine Frau, aber auch nicht überzeugend genug.
 Er war unschlüssig, ob er dem Kerl weiter auf den Zahn fühlen oder mit ein paar dezenten Andeutungen über seine Frau provozieren sollte, ehe er sich dafür entschied, erst einmal seinem Schwager einen Besuch abzustatten.
 Er ließ den Typen sitzen und machte sich auf

den Weg zu Bernard, der in der Küche zu Werke ging. Dieser sagte ihm, dass der Baron im Salon wäre, gemeinsam mit seiner Frau. Max freute sich jetzt schon auf den Gesichtsausdruck seiner Schwester, wenn er sie rausschickte. Leider wurde seine Vorfreude enttäuscht, da seine Schwester wortlos von selbst den Raum verließ, als Max ihnen mitteilte, dass er mit dem Baron reden wollte.

"Herr Baron, was können Sie mir von James erzählen?"

"Da gibt es nicht besonders viel zu sagen, er war ein guter Butler, der alle, ihm gestellten Aufgaben, zu unserer vollsten Zufriedenheit erledigt hat."

'Da würde Freifrau Helene sicherlich auch zustimmen.' "Wissen Sie etwas von Drogenkonsum?"

"Wie bitte?"

"Wussten Sie, dass James Drogen genommen hat?"

"Nein, davon wusste ich nichts! Das ist skandalös!", der Baron war außer sich.

"Kommen wir zu etwas Anderem: Wie kamen Sie mit Ihrem Vater zurecht?"

Die Empörung seines Schwagers schien noch weiter anzusteigen. "Verdächtigen Sie etwa mich?"

"Ich verdächtige hier Jeden, außer mich."

'Naja, nicht ganz, der Graf und der Butler Bernard schienen ihm relativ harmlos zu sein, zumindest im Vergleich zu der restlichen Adelssippe.

"Das ist... unerhört!" Er versuchte Haltung zu bewahren, was aber zusehends schwieriger wurde.

"Ich finde es unerhört, einen älteren Mann mit sinnlosen Vorschlägen zu quälen, besonders, wenn man weiß, dass er gesundheitlich angeschlagen ist."

"Ah, sie haben mit Waldemar gesprochen. Oder war es Bernard, der Ihnen den Floh ins Ohr gesetzt hat?"

'Interessant, also Bernard war wohl auch auf der Linie des Grafen und des verstorbenen Fürsten...' "Das hat Sie nicht zu interessieren, ich möchte nur eine Antwort von Ihnen."

"Es gibt immer... Generationskonflikte innerhalb einer Familie, aber einen Familienzwist hineinzuinterpretieren, halte ich für sehr übertrieben. Und um noch einmal auf James zurückzukommen, dass Bernard nicht gut auf ihn zu sprechen war, sollten Sie in Ihre Überlegungen mit einbeziehen."

Max war überrascht. "Weshalb war Bernard nicht gut auf James zu sprechen?"

"James war Bernard's Nachfolger, er sollte ihn einige Monate einlernen, ehe er in den

Ruhestand treten würde."

"Und Bernard wollte sich in den Ruhestand verabschieden?"

"Nun, das sollten Sie ihn selbst fragen, aber meiner Ansicht nach, nein."

"Und wer wollte, dass er sich verabschiedet?"

"Es war ein Gebot der Logik, Herr Kommissar", antwortete ihm sein Schwager ausweichend. "Bernard ist 70 Jahre alt, in einem solchen Alter verliert sich nun so Manches."

'Bei manchen verliert sich auch schon früher etwas... zum Beispiel der Anstand.'

Max verabschiedete sich von dem Baron und wollte nun ein paar Takte mit Bernard sprechen.

Auf dem Weg zur Küche wurde er auf dem Flur von seiner Schwester abgefangen. "Was glaubst du eigentlich, was du hier tust?", blaffte sie ihn an.

"Ermitteln, was dachtest du denn?"

"Mich ärgern, meine Familie brüskieren, mir mein Leben kaputt machen", kam es von ihr giftig.

"Jetzt mach mal halblang, das tue ich nicht!" 'Ich habe es doch noch nicht einmal richtig versucht...'

"Warum bist du überhaupt hier?", wollte sie wissen, doch Max' Blick sorgte für die

Erkenntnis. "Ach ja, weil ich so blöd war und mir dachte, du würdest mir helfen."

"Tja, Schwesterherz, aus Fehlern lernt man, sollte man zumindest."

"Du hast vollkommen Recht und nach der Geschichte damals, hätte ich bei diesem Drohbrief Jeden anrufen können, nur nicht dich!"

"Nun hab dich nicht so, ich habe die Sache damals sehr gut gelöst."

"Ist das dein Ernst? Du hast meinen Vater verhaftet!"

"Tu nicht so, als hätte dein Vater etwas Besseres verdient."

"Bilde dir bloß nicht ein, dass dein Vater etwas Besseres wäre!"

"Im Gegensatz zu dir, habe ich nie viel von meinem Vater gehalten."

"Stimmt, ich traue dir zu, dass du deinen eigenen Vater verhaftest."

"Nichts lieber als das, wenn sich der Drecksack hier im Land aufhalten würde."

"Dieses Gespräch führt doch zu Nichts! Frag, was du zu fragen hast wegen deinen verdammten Ermittlungen und dann lass mich in Ruhe!"

"Gut, was weißt du über James?

"Dass er ein guter Butler war und die Nachfolge von Bernard antreten sollte."

"Und wer hat das entschieden?"
"Was?"
"Dass Bernard einen Nachfolger braucht."
"Mein Mann und Leopold."
"Dachte ich mir. Und Helene?"
"Was soll mit ihr sein?"
"Wie stand sie dazu, dass ein neuer Butler ins Haus kommt?"
"Sie steht auf Neues, nicht auf Altes." Und nach einer kurzen Pause: "Also brauchst du dir bei ihr keine Hoffnungen zu machen."
'Deine Menschenkenntnis lässt wirklich zu wünschen übrig, Schwesterchen. Aber das hast du ja schon bei deinem Vater und deinem Mann bewiesen...' "Was ist mit Peter und dem Grafen?"
"Die kommen mit Bernard sehr gut aus, Waldemar hat Friedrich auch gesagt, dass, seiner Meinung nach, kein neuer Butler nötig ist."
"Und wie siehst du das? Sollte Bernard in den Ruhestand?"
"Er ist nicht mehr der Jüngste."
"Das war der Fürst auch nicht. Also?"
"Ich war mit Bernard immer zufrieden, meinetwegen könnte er ruhig bleiben."
"Da sein designierter Nachfolger die Flatter gemacht hat, wird er wohl noch ein Weilchen bleiben." Mit diesen Worten machte er sich auf

den Weg zu Bernard.

**Hochadelsmord
Kapitel 9**

Bei Bernard in der Küche herrschte geschäftiges Treiben: Die Hausmädchen waren am Herd zu Werke, der Gärtner hatte eine Kiste mit Salat in den Händen und Bernard machte sich an der Vorratskammer zu schaffen. Offenbar war noch einiges für die Feierlichkeit morgen oder für das Abendessen vorzubereiten.

Als sie Max bemerkten, hielten alle für einen Moment inne, gerade so, als ob sie wüssten, dass er vorhatte, einen aus ihrer Mitte zu entfernen.

"Ich will nicht stören, aber leider muss ich das. Bernard, gibt es hier einen Ort, wo wir ungestört reden können?"

Nach kurzem Zögern nickte Bernard und führte Max in einen Nebenraum, der anscheinend ein Lagerraum war. Zumindest standen unzählige Teller, Tassen, Gläser und Sonstiges in Regalen herum.

"Wie kann ich Ihnen helfen, Herr Kommissar?"

"Wie standen Sie zu James?"

"Nun, ich sollte ihn einlernen."

"Damit er Ihre Nachfolge antreten kann.", das klang nicht wie eine Frage.

"Nun, Sie scheinen ja bereits Alles zu wissen. Ja, er war mein Nachfolger. Nach der Einführung des neuen Fürsten und einer Frist bis Ende dieses Monats, wäre er hier für die Haushaltsführung und das Personal verantwortlich gewesen."

"Und da er jetzt nicht mehr dazu in der Lage ist, sind Sie wieder der Butler Nummer 1. Was schätzen Sie, wie sehr sich Ihr Berufsleben dadurch verlängert?"

"Gesetzt den Fall, es findet sich ein geeigneter Jung-Butler, wird seine Zeit, die er zum Einlernen benötigt, zwei bis vier Monate betragen, vielleicht auch ein halbes Jahr."

"Wie viel verdienen Sie im Monat, Bernard?"

"5500 Euro, netto." Langsam wurde ihm unbehaglich. "Sie verdächtigen mich, nicht wahr Herr Kommissar?"

"Ich verdächtige einige Personen hier im Haus. Sagen Sie mir, wie kam es dazu, dass ein Nachfolger für Sie bereit stand? Haben Sie gesundheitliche Probleme?"

"Nichts Erwähnenswertes, Sir."

"Tun Sie mir den Gefallen und erwähnen es trotzdem."

"Leichte Herzrhythmusstörungen, ein wenig Bluthochdruck und gelegentlich rheumatische

Beschwerden. Aber ich bin durchaus in der Lage, meine Verpflichtungen zur Zufriedenheit meines Arbeitgebers zu erfüllen." Das klang selbst überzeugt, wenn auch ein wenig hochnäsig.

"Ihr Arbeitgeber war der alte Fürst, nun wird es der Sohn, wie denken Sie wird sich die Anerkennung Ihrer Dienste dahingehend verändern?" Nun war Max' Neugier nicht mehr zu überhören.

"Es steht mir nicht zu, die Einschätzung meines zukünftigen Arbeitgebers vorwegzunehmen, Sir."

"Hm, eine Frage noch, dann sind Sie mich los, zumindest vorerst: Warum hat der alte Fürst zugestimmt, einen Nachfolger für Sie einzulernen, wenn er zufrieden mit Ihnen war?" Dem Butler wurde unbehaglich, das konnte ein Blinder sehen. "Es liegt mir fern, Mutmaßungen anzustellen, Herr Kommissar."

"Auch, wenn es Ihnen fern liegt, tun Sie es bitte."

"Soweit es mir der verstorbene Fürst von Adlerstätt erzählte, bestand sein Sohn und sein Neffe darauf, dass ein Ersatz für mich bereit stünde, sollten sich meine gesundheitlichen Beschwerden verschlimmern oder ich mich anderweitig nicht mehr dazu imstande fühle, meinen Verpflichtungen nachzukommen."

"Man kann also sagen, James hätte Sie erst ersetzen sollen, wenn Sie selbst in den Ruhestand gehen wollten, korrekt?"
"So habe ich meinen verstorbenen Herrn zumindest verstanden, Sir."
"Gut, danke Bernard." Der Butler verließ den Raum und wandte sich wieder seiner Arbeit zu. Max rief nach und nach noch den Gärtner und die beiden Hausmädchen zu sich und stellte ihnen einige Fragen, die aber keine neuen Erkenntnisse brachten. Es wurde bestätigt, was er von Bernard erfahren hatte.
Nun ergab sich schon langsam ein Bild, mit dem man arbeiten konnte. Bernard hatte wohl nicht den geringsten Grund, dem alten Fürsten etwas anzutun, da dieser offenbar nicht im Traum daran dachte, den verdienten Butler zu entlassen oder in den Ruhestand abzuschieben. Auch, wenn er das seinem missratenen Sohn und dessen Cousin angedeutet hatte, um seine Ruhe zu haben. Bei dem Butler James sah dies jedoch ganz anders aus: 33000 Euro Gehalt in einem halben Jahr sind ein gutes Motiv und nach dem Tod des Fürsten und dem Sohn als Nachfolger war es glasklar, dass die Tage von Bernard hier gezählt waren. Ebenso könnte er auch Freifrau von Adlerstätt ein Dorn im Auge gewesen sein. Möglicherweise hat er sie mit ihrer Affäre erpresst und drohte, es ihrem

Mann zu erzählen. Und sosehr es Max schmerzte, kam auch der alte Graf als Täter in Frage, da er ebenso, wie der alte Fürst, Bernard als Butler behalten wollte. Da war es naheliegend, den Nachfolger aus dem Weg zu räumen, zwar etwas heftig, aber im Bereich des Möglichen. Wen Max noch nicht ganz ausschließen wollte, war Leopold Freiherr von Adlerstätt, falls dieser von der Affäre erfahren hatte, wäre sein Motiv das Älteste der Welt: Eifersucht. Aber Max konnte sich nicht festlegen, auf wen er sich einschießen sollte. Es bestand zwar immer noch die Möglichkeit eines Selbstmordes oder einer versehentlichen Überdosierung der Drogen, die James offenbar nahm, aber Max glaubte einfach nicht daran. Sein Instinkt sagte ihm ganz klar: Der Typ wurde ermordet.

Was den Tod des Fürsten anging, war der Kreis der Verdächtigen einfach auszumachen: Alle, die von dem Tod profitierten. Dazu zählten, neben dem Baron, natürlich der Butler James und auch seine Schwester. Leopold und Helene ebenfalls, da Max von den Hausmädchen erfahren hatte, dass Leopold den Titel eines Barons erhalten und zum Stellvertreter seines Cousins aufsteigen sollte. Einer von Denen war der Königsmörder und es war an ihm, es herauszufinden.

Die nächste Frage, die sich Max stellte und wo er nicht wirklich weiter kam, war die, nach der Identität des Briefeschreibers. Es deutete zwar auf James hin, aber welchen Grund sollte er haben? Vielleicht aus Gewissensbissen, weil er den Fürst vergiftet hatte? Möglich, aber weshalb sollte er seine Schwester bedrohen? Er rieb sich die Schläfen. Bei den Todesfällen bewegte sich etwas, aber nicht bei dem Brief. Er hatte keine Idee, was bedeutete, er musste für ein bisschen Wirbel sorgen, weil seine grauen Zellen dann besser arbeiteten. Und als wäre dieser Gedanke ein Startschuss gewesen, hatte er schon einen Einfall, den er schon viel früher hätte haben müssen, er holte sein Smartphone aus der Tasche.

"Hey Arni, kannst du mir das Testament von dem alten Fürsten besorgen?"

"Äh, ich denke schon, aber sollte dein Schwager nicht der Alleinerbe sein?"

"Davon ging ich auch aus, aber ich habe so ein Gefühl, vielleicht hat der alte Fürst seinem Spross doch nicht so vertraut. Ich bin mir fast sicher, dass da irgendetwas drinstehen könnte, was mir weiterhilft."

"Aber die Einführung als Fürst wurde nach dem Tod gleich angesetzt, das wäre nicht möglich, wenn der Fürst jemand Anderen zu seinem Nachfolger bestimmt hätte."

"Trotzdem Arni, finde heraus, wer der Testamentsverwalter war beziehungsweise ist und lade ihn vor. Und wo wir gerade dabei sind: Der Arzt, der den Tod festgestellt hat, wurde doch schon vorgeladen, oder? Der wird noch ganz genau erklären müssen, warum er die Vergiftungsanzeichen nicht bemerkt hat."
"Ach ja, der Doc hat die toxikologische Untersuchung des Fürsten hier, es ist jetzt sicher: Der Fürst wurde mit Arsen vergiftet."
"Das klassische Adelsgift, ich glaube es nicht...", entfuhr es Max. „Dieser Fall entwickelt sich zu einem totalen Klischee."
"Tja, Adel und Klischee gehört wohl untrennbar zusammen", feixte Arni.
"Übrigens, die Spusi ist auf dem Weg, um sich das Zimmer von James anzusehen und alles Wichtige einzutüten."
"Na endlich, hat ja lange genug gedauert."
"Hättest du ein wenig besser geparkt und keine Leiche auf der Straße liegen lassen, wäre es schneller gegangen."
"Sehr witzig, Arni. Also, wenn du deinen Hintern auch nochmal aus dem Revier bewegst, will ich dich nur sehen, wenn du eine Abschrift des Testaments in deinen dicken Muskelfingern hältst."
"Bin schon dabei, Schwächling."
Das Gespräch wurde beendet und Max dachte

nach, was er als Nächstes tun sollte. Nach dem Abwägen der Möglichkeiten, fiel ihm ein, dass er eine Person vergessen hatte, also machte er sich auf, um Peter von Adlerstätt zu befragen.

Hochadelsmord
Kapitel 10

Bevor er anklopfen konnte, wurde bereits die Tür geöffnet. Peter von Adlerstätt sah Max leicht überrascht an.

"Ich dachte schon, sie hätten mich vergessen, Herr Kommissar."

Max stutzte, der junge Mann klang plötzlich gar nicht mehr so adelig, was er positiv aufnahm. "Keine Sorge, ich vergesse nie einen Verdächtigen." 'Nur fast, manchmal...'

"Das macht Sie vermutlich zu einem guten Kommissar." Das klang aufrichtig, nicht so, als ob er sich einschleimen wollte, aber Max blieb skeptisch.

"Also, Herr von Adlerstätt, dann werde ich meinen Verpflichtungen nachkommen. Wie standen Sie zu dem Butler James?"

Der Adelige zögerte. "Ich kannte ihn nicht wirklich gut. Soweit ich es beurteilen konnte, hat er seine Aufgaben gut erledigt, aber seine Nachfolge von Bernard, als Majordomus sah ich eher skeptisch."

Max war verwirrt. "Majordomus?"

"Oh, entschuldigen Sie, das ist ein Ausdruck für den Haushaltsvorstand, den Hausverwalter oder auch den Koordinator des Hauspersonals."

"Das klingt nach einer sehr exponierten Stellung, etwas zu exponiert für einen Butler, oder?"

"Vielleicht in einem anderen Adelshaus, aber hier bei uns war das normal, zumindest unter dem verstorbenen Fürsten."

"Dennoch sollte Bernard seinen eigenen Nachfolger einlernen und hätte damit seine Stellung verloren, ebenso die 5500 Euro jeden Monat." Nun zeigte sich Wut in den Zügen von Peter von Adlerstätt. "Unterstellen Sie Bernard etwa ein Mordmotiv gegenüber James?"

"33000 Euro in einem halben Jahr, dass er nun wohl sicher noch hier sein wird, kann man schon als Motiv nehmen."

"Bernard ist ein ausgezeichneter Butler, mit einem guten Charakter, er hat sich seine Stellung über Jahrzehnte erarbeitet und ist nach wie vor dazu in der Lage, seine Aufgaben in vollem Umfang zu erfüllen. Er ist nicht der Typ für einen Mord. Und mein Vater hätte ihn niemals in den Ruhestand geschickt oder gar entlassen gegen seinen Willen!"

"Nur leider hat Ihr Adoptivvater hier keine Entscheidungsgewalt, er ist lediglich der Platzhalter für den Baron."

Er stieg auf diese Provokation nicht ein, was Max ein wenig überraschte, sondern sagte lediglich: "Da haben sie leider Recht."
"Also Sie können mir nichts weiter über James erzählen?"
"Ich denke, ich kann Ihnen leider nicht weiterhelfen."
"Fällt Ihnen vielleicht sonst noch etwas ein, was für mich wichtig sein könnte?"
"Was zum Beispiel?"
"Vielleicht gab es noch irgendwelche Konflikte, innerhalb der Familie. Bisher habe ich da nur von einer Person mehr gehört, alle Anderen scheinen zu denken, es lief hier alles normal ab."
Er hielt kurz inne. "Kleinere Reibereien gibt es ja in jeder Familie, aber größere Konflikte sind mir nicht aufgefallen."
"Hm, in Ordnung, wenn ich weitere Fragen habe, komme ich auf Sie zurück."
Max verabschiedete sich und machte sich auf den Weg in die Empfangshalle, um die Jungs von der Spurensicherung zu begrüßen, die bald antanzen sollten. Währenddessen dachte er über das Gespräch nach.
Der junge Mann schien aufrichtig, dennoch war sich Max sicher, dass er ihm etwas verschwieg. Bei seiner Frage nach Konflikten in der Familie schien er aufgewühlt, auch

wenn seine Stimme ruhig geblieben war. Außerdem hatte er die Frage schon vorher indirekt beantwortet, als er seine positive Meinung über Bernard ein bisschen zu emotional zum Ausdruck gebracht hatte. Max konnte sich gut vorstellen, dass der Wille von Gunther und Leopold, den alten Bernard loszuwerden, ihm seine Sicht auf die Familie hatte überdenken lassen, nachdem er jahrelang den Beiden gefallen wollte, wie ihm der Graf angedeutet hatte. Da war noch etwas im Busch und Max würde schon dahinter kommen.

Kaum war Max im Empfangsbereich angekommen, läutete es schon. 'Mein Gott!', dachte er sich. 'Selbst die Türglocke klingt arrogant! Aber wenigstens sind die Jungs von der Spurensicherung endlich da!'

Max ging zur Tür, doch als er sie öffnete, blickte er nicht in die vertrauten Gesichter seiner Kollegen in den weißen Ganzkörperkondomen, sondern in eine straffe, bleiche Fratze. Er wich vor Schreck einen Schritt zurück.

"Seit wann öffnet der Gärtner die Tür? Wo ist der Butler?" Die Fratze konnte sprechen, in bestem Adels-Arrogantisch.

"Entschuldigen Sie bitte, aber wer sind Sie?" Max besah den Rest, der zu der Fratze gehörte, es wirkte wie ein Kostüm aus dem Mittelalter.

Die Fratze verzog sich zu einem spöttischen Lächeln. "Natürlich, man kann anscheinend nicht erwarten, dass die niederen Bediensteten gebildet sind und wichtige Persönlichkeiten erkennen. Ich bin Gracia Herzogin Baronin von Adlerstätt zu Falkenstadt!"

Hochadelsmord Kapitel 11

Ehe Max etwas erwidern konnte, hörte er schon den Grafen von der Treppe. "Ah, Schwesterherz! Wieso wundert es mich nicht, dass du zur Beerdigung deines Bruders nicht kommst, aber zur Krönung seines missratenen Nachwuchses!", der Graf klang gleichermaßen belustigt und wütend, falls das möglich war.

"Ich bin nicht Ihre Schwester, Sie sind der Adoptivsohn meines verstorbenen Bruders." Und hochnäsig an Max gewandt: "Und Sie, Gärtner, stehen Sie nicht so überflüssig herum, sondern führen Sie meine Begleitung herein!"

Erst jetzt bemerkte Max, dass diese "Dame" nicht allein war, in ihrem Windschatten lümmelten sich noch weitere Personen, die nun vortraten.

"Ah, der Gärtner öffnet schon die Tür! Oder sind Sie der neue Stallknecht?" Eine aufdringliche, kratzige Stimme, die zu einem Typen gehörte, der wohl gerade aus dem Puff ausgebrochen war. Das dachte Max nicht nur wegen der Zuhälterbrille, sondern auch wegen den dutzenden Goldkettchen um den Hals, die von Weitem aussahen wie ein goldener Strick.

Dazu eine weiße Smokingjacke, die er anscheinend von Elvis gestohlen hatte, zu einer gewollt verwaschenen Jeans. Der haarlose Schädel war, im Gegensatz zu dem faltigen, solariumgegerbten Gesicht, glatt.

Die zweite Person war eine dralle Blondine, die wohl für diesen Kerl anschaffen ging, zumindest legten das die Atombrüste in einem viel zu engen und zu kurzen, weißen Kleidchen nahe. Die rasierten, mit einem Filzstift nachgezogenen Augenbrauen und die mindestens drei Schichten Schminke verstärkten den Effekt noch. Außerdem waren die Wimpern bestimmt alles, außer echt. Im Solarium hatte sie anscheinend auch eine Dauerkarte.

"Was starren Sie so?", wollte die Prostituierte wissen.

"Ich habe mich gerade nur gefragt, wie viel Sonne man ertragen kann."

Sie schien die Anspielung auf ihre unnatürliche Bräune nicht zu verstehen, also starrte sie gelangweilt in die Luft, während sie einen Schmollmund aufsetzte. Die Lippen waren ebenfalls zu rot und zu prall.

"Knecht, sie verhalten sich nicht gemäß Ihres Standes!"

"Und Sie, Frau von irgendwas und irgendwoher, irren sich gewaltig, ich bin kein

Gärtner oder Knecht, sondern Kommissar."
 Der Ausdruck von Überraschung auf dem Gesicht der Herzogin war für Max köstlich, besonders weil sie bei den vielen Liftings ihre Mühe haben dürfte, überhaupt einen Ausdruck in ihr Gesicht zu bekommen.
 "Wie dem auch sei, Herr Kommissar, machen Sie Platz da und lassen Sie uns eintreten!" Sie fuchtelte mit ihrem Sonnenschirm vor sich herum, um ihren Worten Nachdruck zu verleihen.
 "Nicht so schnell, Frau Herzogin!", dröhnte es von der Treppe, während der Graf ebendiese herunter hastete. "Es besteht immer noch die Verbannung aus der Familie, per fürstlicher Verfügung!" Er baute sich vor seiner Schwester auf und stemmte die Hände in die Hüften.
 "Der Fürst ist tot und ab morgen haben wir einen neuen Fürsten, der diese alberne Verfügung sicherlich aufheben und die Familie wieder zusammenführen wird!"
 "Schon möglich, zumindest die Sache mit dem Aufheben dieser notwendigen Verfügung, aber wie du selbst so trefflich gesagt hast: Ab morgen! Nicht heute! Also hau ab mit deinen Anhängseln!"
 "Nie im Leben lasse ich mich von dir aus meinem Haus werfen!" Sie begann wieder mit

dem Schirm zu fuchteln, aber der Graf ließ sich nicht verscheuchen.

"Das ist nicht dein Haus, es war nie dein Haus und es wird nie dein Haus sein, du glattgezogene Weihnachtsgans!"

Max musste sich ein Lachen verkneifen. Wenn es nach ihm ginge, würde der Graf der neue Fürst werden, er schien bestens geeignet, um diesem Haufen den Marsch zu blasen!

Die "nette" Unterhaltung wurde immer lauter, was die Schaulustigen, in Form der übrigen Familienmitglieder und des Personals, auf den Plan rief.

"Tante! Es freut mich sehr, dass du endlich da bist!" Der Baron kam die Treppe herunter und gestikulierte wild mit den Händen, was anscheinend einladend wirken sollte. "Immer schön, dich zu sehen!"

"Ja, soweit ich das beurteilen kann, hast du wieder ein paar neue Teile verbauen lassen, aber das macht dich auch nicht jünger!", der Graf grinste über beide Ohren.

Die Herzogin würdigte ihren Bruder keines Blickes, stattdessen wandte sie sich an ihren Neffen. "Gunther, dieser verkommene Kerl hat mir die Tür geöffnet und behauptet, er wäre Kommissar, und dieser... dein Adoptivbruder will mich nicht hereinlassen!"

Gunther Baron von Adlerstätt schien mit seiner

Wut zu ringen. "Dieser... Kommissar ist mein Schwager, er ermittelt in einem tragischen Unfall, der sich vor Kurzem ereignet hat. Und was ihn angeht", er sah missbilligend seinen Onkel an, "er hat keinerlei Rechte dir den Zutritt zu verbieten!"

"Oh, ich verbiete hier Niemandem etwas. Ich halte mich lediglich an die fürstliche Verfügung, der wir verpflichtet sind, auch du, werter Neffe!"

"Wie sich das weiter verhält, werden wir noch sehen, aber bis dahin", er wandte sich wieder an seine Tante, "sind du und deine Begleiter meine privaten Gäste." Er sah triumphierend seinen Onkel an.

Der Graf gab auf und drehte sich weg. "Also, wenn das so sein soll, dann Willkommen in der Geisterbahn, die größte Abscheulichkeit des Adels betritt die Bühne!"

Diesmal konnte sich Max nicht mehr beherrschen und lachte laut auf, was ihm abschätzige Blicke von der Herzogin und ihrer Entourage einbrachte.

Der lautstarke Streit hatte noch weitere Personen angelockt, unter Anderem hielt sich auch Peter von Adlerstätt in der Eingangshalle auf, der mit einigem Widerwillen auf seine Tante und ihre Begleiter blickte. Er verschwand schnell wieder in einem

Seitengang.

Mittlerweile war auch Leopold Freiherr von Adlerstätt eingetroffen und begrüßte seine Mutter freundlich, unterkühlt, was bei diesen Idioten wohl standesgemäß hieß. Sie verzogen sich mit dem Baron im Speisesaal und Max ging dem Grafen hinterher.

"Na Max, habe ich Ihnen zu viel versprochen?"

"Sie haben nicht übertrieben, Ihre Schwester ist wirklich eine Seele von Mensch."

"Tja, eine Seele, leider eine recht dunkle und verzogene. Aber es muss eben auch solche Menschen geben, wenn sich nur nicht so viele davon in meiner Familie tummeln würden."

"Wer weiß, Herr Graf, vielleicht können wir die Sippschaft ja ein wenig ausdünnen."

"Haben Sie etwa doch schon einen stärkeren Verdacht? Vielleicht sogar gegen meinen Neffen?", der Graf klang freudig aufgeregt.

"Da muss ich Sie leider enttäuschen, Herr Graf, aber ich arbeite daran."

"Das freut mich zu hören, geben Sie sich Mühe!"

Es läutete wieder an der Tür, das sollte jetzt die Spurensicherung sein. Max ging wieder die Treppe herunter und öffnete abermals die Tür. Vor ihm standen seine Kollegen mit weißen Overalls und Gesichtsschutz.

"Na endlich, wo bleibt Ihr denn?"
"Sorry, Max, aber so ein Protz-Schlitten mit einem Zombie drin hat uns geschnitten und uns den Parkplatz vor der Tür geklaut, also haben wir die Ausrüstung ein ganzes Stück tragen müssen."
Max konnte sich gut vorstellen, wer da in dem Wagen saß. Er schüttelte die Erinnerung an das "Gesicht" der Frau Herzogin ab und begleitete die Jungs von der Spurensicherung zu den Gemächern von James.

Hochadelsmord Kapitel 12

 Nachdem die Kollegen von der Spurensicherung am Werk waren, verlegte sich Max darauf, die Familie zu beobachten, allerdings etwas aus dem Hintergrund heraus. Als er sich mit Bernard in dem Lagerraum unterhalten hatte, hörte er ein paar Stimmen aus dem Speisesaal, also wäre das, der perfekte Platz um ein wenig zu lauschen. Kaum war er in dem Raum angekommen, hörte er schon die penetrante Stimme des augenscheinlichen Zuhälters.
 "... und glaubt der alte Sack wirklich, dass er uns so einfach los wird?"
 "Wer weiß schon, was in dessen kranken Kopf vorgeht." Das war der Adelszombie.
"Mach dir keine Sorgen Tante, nach dem morgigen Tag hat er keinerlei Befugnisse mehr. Dann kann er in seinem Zimmer sitzen und sich zu Tode ärgern."
 "Das Prinzip hat schon öfter Früchte getragen.", ein dreckiges Lachen im Chor ertönte.
 'Diese Ratten... Am liebsten würde ich da hinein marschieren und alle verhaften, egal

wegen was, Hauptsache sie müssen lange sitzen...'

Das Gespräch entwickelte sich in eine andere Richtung, es ging um Adelsverpflichtungen und das rechte Benehmen in höheren Kreisen, was Max kein Stück interessierte. Also machte er sich auf den Weg zu den Jungs von der Spurensicherung, eventuell gab es ja schon ein paar Erkenntnisse.

Als er im 2. Stock, an der Tür zu James' Räumlichkeiten, ankam, waren seine Kollegen noch voll in ihrem Element.

"Na, wie sieht's aus? Habt Ihr schon etwas?"

"Oh, wir haben schon Einiges", kam es von seinem Kumpel Thomas, nachdem er den Mundschutz abgezogen hatte.

Max starrte ihn verdutzt an.

"Was hast du denn hier verloren? Du solltest doch im Keller sitzen und die Schachteln in der Asservatenkammer zählen."

"Tja, ich habe dir verschwiegen, dass ich einen Lehrgang bei der Spurensicherung mache, ich will beruflich weiterkommen."

"Du hast es doch schon weit gebracht, bis in den Keller", stichelte Max.

"Ist auch ein schöner Platz, gefällt mir wirklich gut. Aber ich habe mir sagen lassen, dass ich in den letzten Monaten einiges an Farbe verloren habe, und da dachte ich, so ein

Lehrgang ist genau das Richtige um mal wieder an die Sonne zu kommen."

"Aber nur, wenn die Morde in freier Natur passieren, hier im Haus kriegst du höchstens Farbe, wenn dich der eben angereiste Drachen mit Feuer bespuckt."

Max sorgte für allgemeine Heiterkeit, weswegen man ihm seine sonstigen Ausfälle gerne verzieh.

"Also, was könnt ihr mir sagen, was mir weiterhilft?"

"Tja, dein Adler scheint wirklich gerne und oft Drogen genommen zu haben. Wir haben ein Päckchen mit Tabletten gefunden, vermutlich Ecstasy."

"Und ihr seid sicher, dass es keine Kopfschmerztabletten sind?"

"Die werden normalerweise nicht in kleinen Beutelchen verkauft, ohne Hersteller und Inhaltsangabe. Außerdem noch das hier." Thomas zog einen Asservatenbeutel, der mit ein paar bunt bedruckten Papierstreifen versehen war, aus der Tasche.

"War der Kerl Briefmarkensammler?"

"Nein, Max, das sind-", wollte Thomas gerade oberlehrerhaft ansetzen, doch Max unterbrach ihn.

"Jaja, ich weiß, das sind sogenannte Tickets, auf die das LSD aufgedruckt wird. Nur leider ist man als Konsument nie im Klaren darüber, wie viel Wirkstoff wirklich auf einem der Trips ist, was bei vielen Verbrauchern zu Überdosierungen führt."

Thomas fielen fast die Augen aus dem Kopf. "Woher verdammt nochmal..."

Max zog sein Smartphone aus der Tasche und tippte dagegen.

Der Lehrgangspurensucher verdrehte die Augen. "Natürlich! Suchmaschinen-Gelehrter!"

"Tja, was man nicht im Kopf hat, muss man in der Technik haben, oder finden."

"Wohl wahr. Man darf so dumm sein, wie man will, solange man sich zu helfen weiß."

Max ignorierte diese Spitze und kam wieder zum Thema. "Und wie sicher seid ihr, dass das Zeug nicht Jemand hier deponiert hat?"

"Komplett ausschließen kann man es nicht, aber es wirkte doch recht gut versteckt, war unter die Tischplatte geklebt. Außerdem haben wir da auch Rückstände von früheren Klebestreifen entdeckt, was heißt, dass er da öfter etwas versteckt hat."

"OK, sonst noch etwas?"

"Ja, allerdings." Thomas zog einen weiteren Beutel aus der Tasche, in dem sich ein weiteres, kleines Tütchen mit einem gelb-grünlichen Pulver befand.

"Ist das..."
"Wir haben noch keine Analyse, aber ich schätze, es ist Arsen."
"Ist das die übliche Farbe von Arsen?"
"Es gibt einige verschiedene Arten von Arsen, die sich alle unterscheiden, manche werden sogar in Medikamenten verwendet. Aber das hier sieht mir nicht nach dem Grundstoff für Arzneimittel aus. Es wirkt schmutzig, also verunreinigt, fast wie abgekratzte Farbe."
"Und warum denkst du, dass es nicht genau das ist?"
"Aus drei Gründen. Erstens: Warum sollte Jemand Farbe abkratzen und sie in ein Tütchen packen? Und Zweitens: Es ist dasselbe Tütchen wie das, in dem die Ecstasytabletten stecken. Es kommt also vermutlich von der gleichen Person, beziehungsweise vom gleichen Dealer."
"Und drittens?", wollte Max wissen.
"Es war verdammt gut versteckt. Ich wäre selbst nicht drauf gekommen, wenn ich das Versteck nicht neulich in einer Serie gesehen hätte."
"Lass mich raten, es ging um einen Drogendealer."
"Bingo! Du kennst die Serie ja auch! Und da bin ich darauf gekommen, einmal die Steckdosen abzumontieren, und Jackpot!"

"Wie weit würdet ihr Jungs nur kommen, wenn es nicht das Fernsehen gäbe?"

"Reden wir lieber nicht darüber. Also auf jeden Fall können wir wohl davon ausgehen, dass er sich die Drogen selbst reingepfiffen hat und im Drogenrausch von der Klippe gehopst ist."

"Sieht zumindest danach aus. Aber das erklärt nicht das Kostüm."

"Stimmt. Aber wir haben noch etwas im Schrank gefunden." Ein weiterer Beutel kam aus den Tiefen von Thomas' Tasche zum Vorschein.

Max sah verwirrt auf den Inhalt des Zipptütchens. "Federn?"

"Genauer gesagt, Kunstfedern, wie von..."

"... einem Adlerkostüm."

"Offenbar hing das Teil bei ihm im Schrank."

"Dann war das sein Kostüm? Und er hat sich erst mit LSD und Ecstasy zugeballert, nur um dann in dem Kostüm von der Klippe zu springen, weil er Schuldgefühle für den Mord am alten Fürsten hatte?"

"Zumindest laufen hier alle Fäden zusammen. Wenn sich jetzt noch das Pulver als Arsen herausstellt, dann haben wir den Fall wohl gelöst."

"Nur, wenn auch die Drohbriefe auf seine PC geschrieben wurden und aus seinem Drucker stammen." Max wollte sich nicht eingestehen, dass Das schon alles sein sollte, er wollte verdammt nochmal dieser Sippschaft noch etwas nachweisen.

"Wird alles überprüft und ausgewertet Max, aber verrenne dich nicht in irgendetwas, nur weil du den deutschen Adel nicht leiden kannst."

Max dachte über die Worte seines Kumpels nach, während er die Treppe hinabstieg und sich alles noch einmal ins Gedächtnis rief. War das möglich? Verrannte er sich? Gut, das hatte er in der Vergangenheit öfter getan. Aber so gut wie immer, in 99 Prozent der Fälle, hatte ihn sein Instinkt nicht betrogen. War das hier das eine Prozent? Vielleicht, vielleicht aber auch nicht, er würde nicht so schnell aufgeben. Solange das mit den Briefen und dem Pulver nicht geklärt war, konnte er noch weiter ermitteln und das würde er auch tun!

Hochadelsmord Kapitel 13

Nachdem die Spurensicherungstruppe abgezogen war und Max nichts weiter tun konnte, als auf die Ergebnisse der Laboruntersuchung zu warten, beschloss er, wieder ein paar Worte mit dem Grafen zu wechseln, der wieder in seiner Wohnung war, wie ihm Bernard mitteilte.

"Max! Endlich wieder ein freundliches Gesicht! Kommen Sie doch bitte herein!"

Dem kam Max gerne nach und setzte sich, wie schon zuvor bei der Befragung, in den gemütlichen Sessel an dem rustikalen Tisch.

"Und, kommen Sie weiter in Ihrem Fall?"

"Es bewegt sich etwas, aber leider in die falsche Richtung."

"Wie meinen Sie das?"

"Es scheint fast so, als läuft alles auf eine Person hinaus."

"Und welche Person wäre das?"

"Ich kann Ihnen über laufende Ermittlungen nicht allzu viel erzählen, nur soviel: Der Hauptverdächtige ist nicht mehr am Leben."

"Ah, in Ordnung. Da Sie bestimmt nicht meinen verstorbenen Bruder verdächtigen,

gehe ich davon aus, dass-"
"Reden wir nicht darüber, aber Sie sind auf der richtigen Spur."
"Naja, immerhin, ich hätte mich aber sehr gefreut, wenn es Einen dieser Schakale getroffen hätte."
"Ja, kann ich sehr gut nachvollziehen. Sagen Sie, Herr Graf, was ist eigentlich mit dem Mann Ihrer Schwester? Das war doch ein Herzog von Falkenstadt, oder?"
"Richtig, den hat Sie, wie schon ihren ersten Mann, schnell unter die Erde gebracht."
"Meinen Sie damit etwa..."
"Nein, nein, die Beiden sind nachweislich auf natürlichem Wege verstorben. Aber, wenn zwei Männer, die vorher kerngesund wirkten und schließlich, mit unter sechzig, wegen etwas am Herzen sterben, kann man sich denken, dass man ihnen gewaltig auf die Nerven gegangen ist."
"Da könnte etwas Wahres dran sein. Und was sind das für zwei Gestalten, die sich in ihrem Windschatten aufhalten, ihre Kinder?"
"Zwei adoptierte Parasiten. Haben sich mit einem Haufen Geld ihre Gunst erkauft. Er ist nach eigener Aussage ein Geschäftsmann, verkauft drittklassiges Sexspielzeug soweit ich weiß. Sie ist ein Erotikmodel und eine Pornodarstellerin, nach eigener Aussage

Ehemalige, was ich aber nicht glaube. Denken, ein gekaufter Adelstitel erhöht ihren gesellschaftlichen Wert. Wenn Sie mich fragen, haben diese Leute nicht den geringsten Wert, ob mit oder ohne Titel."

"Ihr Vater hatte wohl Sinn für Humor, sonst wäre der Name Gracia nicht erklärbar. Sie erinnert mich weniger an Gracia Patricia, eher an Zsa Zsa Gabor.", der Graf lachte auf. "Ganz meine Meinung! Wobei das eigentlich schon eine Beleidigung ist... für Frau Gabor."

"Hehe. Aber eine andere Frage: Was denken Sie, wie es nach Morgen weitergehen wird?"

"Nun, der neue Fürst wird das Haus sehr umkrempeln, sowohl optisch, als auch vom Umgang her. Es wird ein neuer Ersatz für Bernard gesucht und meine geliebte Schwester wird sich mit ihren "Kindern" hier einnisten, immer darauf bedacht, den Fürsten irgendwann durch ihren Sohn Leopold zu ersetzen."

"Sie meinen, dass sie ihrem Neffen in den Rücken fallen wird?"

"Wenn ich auch nicht Alles weiß, da bin ich mir sicher! Im Moment braucht sie ihn, um wieder in die Familie zu kommen, aber wenn sie das erst geschafft hat, wird sie Alles daran setzen, ihn loszuwerden. Er ist ihr zwar freundlich gesinnt, aber sie hat ihn nicht unter

Kontrolle, im Gegensatz zu ihrem eigenen Spross. Außerdem wird Gunther bestimmt nicht so blöd sein, sie an das Fürstenvermögen zu lassen."

"Was Sie nicht sagen. Wie viel gäbe es denn da zu holen?", Max wurde immer neugieriger.

"Genau kann ich Ihnen das nicht sagen, nicht weil ich nicht möchte, sondern weil ich es nicht weiß. Es setzt sich zusammen aus Bargeld in Safes, Bankkonten, Aktien, Grundstücke, Häuser, dazu noch Miet- und Pachteinnahmen, da verliert man leicht den Überblick. Aber ich denke, es dürfte in die zweistelligen Millionen gehen."

Max gingen die Augen über, dem Adel ging es wirklich zugut. "Und wer hat das Alles verwaltet?"

"Natürlich der Fürst, zum größten Teil. In den letzten Jahren hat sich aber Gunther immer mehr eingemischt. Er kennt sich in Finanzen gut aus und hat Friedrich unterstützt, obwohl ich glaube, dass er das nicht aus Uneigennützigkeit und ohne Hintergedanken getan hat."

"Was meinen Sie damit genau?"

"Ich kann nur spekulieren, aber Friedel hat erwähnt, dass Gunther sich vielleicht etwas zu gut auskennt..."

"Also, dass er weiß, wie man das Finanzamt

austrickst?"

"Würde ich zumindest nicht ausschließen."

"Vielleicht kriegen wir ihn ja damit dran, wenn man der Steuerfahndung einen Tipp gibt."

"Das wäre natürlich wunderbar, aber es würde meiner Schwester in die Hände spielen."

Sie unterhielten sich noch eine Weile, bis es Zeit zum Abendessen war. Der Graf lud Max ein, mit ihm zu dinieren, allerdings nicht im Saal mit den Anderen, sondern in seiner Wohnung. Er hatte bereits Bernard gebeten, ihm Etwas nach Oben zu bringen. Max nahm die Einladung gerne an.

Sie speisten geradezu fürstlich und Max fand langsam Gefallen an der Situation, hier festzusitzen. Während es Max sich gutgehen ließ, stellte er sich vor, wie es hier wohl wäre, hätte der Graf das Sagen. Vielleicht müsste Max dann doch öfter seine Schwester besuchen, einzig als Vorwand um mit dem alten Kauz herumzusitzen und ein Glas Wein zu trinken. Aber dann müsste Max seine doch sehr schlechte Meinung über den deutschen Adel revidieren, was ihm eigentlich widerstrebte, aber er war ja nicht so engstirnig.

Nach einer Weile, die Max aufgrund der guten Gesellschaft zeitlich nicht abschätzen konnte, klingelte sein Handy, es war der Doc.

"Hey, wir kommen in der Sache voran. Also, die gefundenen Drogen sind, was wir vermutet haben, Ecstasy und LSD und es gab nur Fingerabdrücke von James auf den Tütchen, genau wie bei dem Pulver, das nach ersten Untersuchungen Arsen enthält."

Max machte ein resigniertes Gesicht, die Sache schien klar... "Und ihr seid euch da ganz sicher?"

"Absolut."

"Du hast gesagt, das Pulver enthält Arsen, es ist also kein reines Arsen?"

"Nein, aber die genaue Zusammensetzung hat das Labor noch nicht analysiert, es ging erst darum, den Arsenverdacht zu bestätigen oder zu widerlegen."

"Hm, sieht ziemlich eindeutig aus, James hat den Fürsten vergiftet, weil er die Butleranstellung wollte und sich dann, vielleicht wegen Gewissensbissen oder wegen einem extremen Drogenflash, von der Klippe gestürzt. Aber wie passt da der tote Fürst, in einem deiner Kühlfächer, dazu?"

"Da bin ich auch leicht überfragt, eventuell ein Versehen, passiert öfter als man glaubt. Eine Namensgleichheit, ein zerstreuter Bestatter, ein unaufmerksamer Gerichtsmedizinerassistent..."

"Nicht vielleicht auch ein seniler

Leichenschnippler?", Max grinste.
"So etwas ist mir nicht bekannt, Gerichtsmediziner sind sehr fähige Leute, da spreche ich aus Erfahrung!"
"Aber ihr buddelt den Sarg des Fürsten doch noch aus, hoffe ich."
"Max, was denkst du denn? Ist Alles schon in die Wege geleitet, aber da keine Eile mehr geboten ist, wird das wohl nichts mehr vor der Krönung morgen."
"Ich habe so eine Ahnung, wer das angeordnet hat..."
"Tja, dieser Kerl wird sich auch noch bei dir melden, vermutlich sobald wir hier aufgelegt haben."
Max bekam schon von der Vorstellung Kopfschmerzen, also versuchte er mit ein paar belanglosen Fragen das Gespräch mit dem Doc ein wenig in die Länge zu ziehen, doch es kam der Moment, wo sie sich verabschiedeten und er auflegte. Und als hätte der Doc hellseherische Fähigkeiten, klingelte einen Moment später wieder sein Handy.
"Schneider! Sagen Sie, was fällt Ihnen eigentlich ein? Sie waren den ganzen Tag nicht in Ihrem Büro, hier türmt sich die Arbeit und Sie machen einen Ausflug zu Ihrer Schwester?"
Sein Chef Dr. Mutzvink wie er leibt und lebt...

"Ich mache keinen Ausflug, ich ermittele und das, mit der Zustimmung des zuständigen Polizeichefs und wie Sie vielleicht gehört haben, gibt es zwei Tote deren Ableben geklärt werden muss."

"Kommen Sie mir nicht so! Soweit ich weiß, sind diese Todesfälle mittlerweile geklärt. Der Butler James hat den verstorbenen Fürsten aus Habgier vergiftet , weil er die gutbezahlte Anstellung des alten Butlers wollte, und hat sich dann selbst umgebracht. Fall gelöst und Ihre Anwesenheit ist nicht mehr vonnöten, also packen Sie Ihren Arsch zusammen und kommen Sie zurück ins Büro!"

Max sah auf seine Uhr. "Soweit ich Das sehe, habe ich seit einer halben Stunde Feierabend, also werde ich meinen Arsch dahin packen, wo ich will, meinen Bericht kriegen Sie Morgen, Schmutzfink."

"Schneider! Sie werden nicht-" Da hatte Max schon aufgelegt. Er steckte das Handy ein und ignorierte das abermalige Klingeln.

"Wer ist denn dieser Schmutzfink?", wollte der Graf neugierig wissen.

"Nur ein Geisteskranker, den irgendein Witzbold in einen Anzug gesteckt und ihm erzählt hat, er wäre mein Chef."

Der Graf lachte auf und legte Max eine Hand auf die Schulter. "Sie gefallen mir immer besser, mein Junge! Wissen Sie, jemand wie Sie fehlt hier in unserer Familie, ich bin fast versucht, Sie zu adoptieren!"

Max wich einen Schritt zur Seite. "Danke für das Angebot, aber meine eigene Familie ist schon kaputt genug, da brauche ich nicht noch so Eine. Nichts gegen Sie, Herr Graf, würden Sie der neue Fürst, würde ich mir Ihr Angebot ernsthaft durch den Kopf gehen lassen." Und zu seiner eigenen Überraschung, meinte er es ernst.

Hochadelsmord Kapitel 14

So sehr es Max auch wurmte, er musste nun der Familie oder dem sogenannten, zukünftigen Fürsten die neuen Erkenntnisse mitteilen, ebenso dass der Fall sich fast vollständig aufgeklärt hatte und er demnächst verschwinden würde. Er stellte sich schon das hämische Grinsen seines Schwagers vor, die arrogante Fresse des Herzoginnen-Zombies, das verhaltene, aber klar zu sehende Lächeln seiner Schwester und den immer ausdruckslosen Hochmut des Freiherrn. Bei dessen Frau war er sich nicht sicher, ob sie lasziv dreinblicken oder ein selbstzufriedenes Schmunzeln zeigen würde. Die beiden Abziehbilder aus dem Rotlichtmilieu würden, wie immer, dumm und arrogant in der Gegend rumglotzen. Die Einzigen, die neutral bleiben würden, wären wohl Bernard, Peter von Adlerstätt und die Hausmädchen. Wer seinen Weggang als Einziger bedauerte, war sowieso klar.

Max schritt also die pompöse Treppe hinunter und sah schon den Baron in der Eingangshalle stehen.

Als er den Kommissar erblickte, entblößte er seine weißleuchtenden Zahnreihen und stemmte selbstbewusst die Hände in die Hüften, offenbar hatte er schon Kenntnis von den neuen Tatsachen. Hinter ihm standen zwei Männer, die Max nicht bekannt waren. Hatte sein Schwager ein paar Rausschmeißer engagiert, um ihn endgültig aus dem Haus zu werfen? Aber dafür sahen die Beiden zu schmächtig aus, sie waren kaum größer als Max und er hatte die breiteren Schultern. Sollte es hart auf hart kommen, würde er ihnen einige, blaue Flecken zufügen können, was seine Stimmung vielleicht noch ein wenig aufgehellt hätte.

"Herr Kommissar!", tönte der Mann seiner Schwester mit seiner Adels-Stimme, die vor Häme triefte. "Wie mir gesagt wurde, ist der Fall so gut wie aufgeklärt, was wohl bedeutet, dass Sie uns nicht länger mit Ihrer Anwesenheit beglücken werden."

Max ballte die Fäuste, während er weiter die Treppe hinunterging.

"Außerdem ist mir zu Ohren gekommen, dass Sie das Testament meines verstorbenen Vaters in Augenschein nehmen und seinen behandelnden Arzt sprechen wollten. Ich habe mir die Freiheit genommen, seinen Testamentverwalter und seinen Leibarzt

hierher zu bestellen, damit Sie Ihre Ermittlungen abschließen können."
'Wie zuvorkommend von dir, du Sackratte...'
"Wirklich sehr umsichtig, verehrter Schwager.", Max reichte den Beiden die Hand. Wie erwartet, hatten Sie einen nicht allzu kräftigen Händedruck.
"Prof. Dr. Meyrink, würden Sie dem Kommissar das Testament meines Vaters übergeben?"
 Der untersetzte Mann mit Halbglatze, links neben seinem Schwager, übergab Max eine Mappe. Dieser las sich das Testament durch: Baron von Adlerstätt war der Alleinerbe und alleinige Verwalter des Fürstensitzes und des Familienvermögens. Ebenso wurde er als Nachfolger des Fürsten benannt. Max schlug die Mappe wieder zu und übergab sie wieder Meyrink.
 "Und nun, Dr. Dr. Schilling, würden Sie meinem Schwager Ihren Bericht zu dem Tod meines Vaters zur Einsicht geben, bitte."
 Der hagere Mann mit Brille, rechts neben dem Baron, reichte Max ebenfalls eine Mappe. Er wirkte allerdings ein wenig nervös. Vermutlich, weil er mittlerweile wusste, dass er falsch gelegen hatte und der Fürst durch Vergiftung verstorben war.
Max las sich den Arztbericht durch, indem es

hieß, dass bei dem Krankheitsbild des Fürsten alle Anzeichen auf einen natürlichen Tod schließen ließen, weshalb keine Obduktion angeordnet wurde. Das stellte ihn zwar nicht vollkommen zufrieden, aber er war ja nicht hier, um einen Ärztepfusch, sondern einen Mord, aufzuklären; und das, war wohl erledigt. Er gab auch die zweite Mappe zurück und sah ein wenig unbeholfen in das Gesicht seines Schwagers.

"Nun, ich denke, es ist alles gesagt, Herr Kommissar, wenn sie nun bitte so freundlich wären-" Doch eine laute Stimme von der Treppe unterbrach den Baron.

"Max! Wollen Sie wirklich schon gehen? Das würde ich zutiefst bedauern!" Der Graf kam anscheinend gut gelaunt die Stufen herunter.

"Waldemar! Der Herr Kommissar hat bestimmt Besseres zutun, als seine Zeit hier noch länger zu verschwenden, also bitte!", er sprach, als redete er mit einem ungehorsamen Kind.

"Ich denke, der Herr Kommissar kann selbst entscheiden, was ihm wichtig ist und was nicht."

"Natürlich, aber da dieser Fall offenbar abgeschlossen ist und nur wenige Feinheiten einer Klärung bedürfen, würde ich sagen, er hat keinen Grund mehr, hier zu sein. Also,

machen Sie es gut, Herr Kommissar!"
"Nicht so schnell, Bürschchen, ich finde, der Kommissar sollte noch eine Weile hier bleiben." Nun war die Stimme des Grafen nicht mehr von freudiger Erregung getragen, sondern hatte einen zischenden Unterton. "Wenn du Gäste in dieses Haus einladen darfst, die faktisch nicht erwünscht sind, dann steht mir Das ebenfalls zu. In diesem Sinne möchte ich den Kommissar bitten, bis morgen mein persönlicher Gast in meinen vier Wänden zu sein."
 Dem Baron blieb der Mund offen stehen, während ihm seine gute Stimmung aus sämtlichen Poren wich, zeitgleich hellte sich Max' Miene zusehends auf.
 Nach einer gefühlten Ewigkeit, in der Niemand etwas sagte, brach Max das Schweigen. "Herr Graf, ich nehme Ihre freundliche Einladung sehr gerne an!"
 Während dieser Worte, taxierte er die ganze Zeit seinen Schwager, dessen Wut nun unübersehbar war. Es schien, als hätte er Max am liebsten eine Faust auf die Nase gehämmert. 'Wäre gar nicht schlecht, dann könnte ich den Penner wegen Angriff auf einen Polizeibeamten einbuchten, damit wäre die Fürstenkrönung zumindest für ein paar Tage verschoben...'

Max drehte sich wieder zur Treppe um und ging mit dem Grafen zurück in dessen Räumlichkeiten.

"Das war eine grandiose Idee, um Ihrer Familie eins reinzuwürgen, Waldemar."

"Tja, und mein lieber Neffe hat mich sogar auf die Idee gebracht, indem er diese Schlampe hier aufgenommen hat! Sauber ins eigene Knie geschossen.", der Graf lachte laut auf.

Max stimmte in die Freude des Adeligen mit ein. Obwohl er keine große Hoffnung mehr hatte, noch Jemanden aus dieser Familie in den Knast zu bringen, blieb er gerne noch hier, allein um seinem Schwager damit auf die Nerven zu gehen.

Hochadelsmord Kapitel 15

Die Nacht war recht angenehm dafür, dass Max nicht in seinem eigenen Bett geschlafen hatte. Der Graf hatte selbst in seinem Gästebett eine der besten Latexmatratzen, die seine lädierte Wirbelsäule an allen, nötigen Stellen stützte und ihm ein Erwachen ohne jegliche Beschwerden ermöglicht hatte.

Er sah auf sein Smartphone, es war bereits 9.00 Uhr. Max hatte den Wecker auf 10.00 Uhr gestellt, nur für alle Fälle. Da es in diesem Fall allem Anschein nach nichts mehr zu ermitteln gab, musste er auch nicht früh raus, obwohl sein Chef Dr. Mutzvink das wahrscheinlich anders sah.

Nachdem Max aus seiner privaten Dusche getreten und sich wieder angezogen hatte, klopfte es an seine Zimmertür, es war der Graf. "Guten Morgen, Max! Na, wie haben Sie geschlafen?"

"Guten Morgen, Waldemar! Sehr gut, Sie haben wirklich ausgezeichnete Betten hier!"

"Freut mich, dass Sie eine angenehme Nacht hatten, auch wenn der Tag heute nicht besonders angenehm werden wird."

"Sie meinen wegen der bevorstehenden Krönung?"
"Tja, ich beneide Sie, dass Sie dieses traurige Possenspiel nicht mit ansehen müssen."
"Das müssen Sie ja auch nicht, gehen Sie einfach nicht hin."
"Eine Möglichkeit, aber keine Gute. Damit würde ich öffentlich eingestehen, dass er gewonnen hat und ich nicht die Größe habe, ihm die Stirn zu bieten." Und nach einer Pause: "Außerdem würde ich mir die Chance entgehen lassen, diese verdammte Krönung ein wenig zu modifizieren.", ein gemeines Lächeln zeigte sich auf dem Gesicht des Grafen.
"Sie wollen die Feierlichkeiten sabotieren?"
"Wer weiß..."
"Ich werde Ihnen keine Steine in den Weg legen.", Max lächelte den Grafen verschwörerisch an.
"Wissen Sie, Max, ich möchte Ihnen verbal auf die Schulter klopfen. Ich habe dieses Schmierentheater gestern mitbekommen, auch wenn ich mich erst später zu Wort gemeldet habe. Dieser Bastard von einem Neffen hat Sie regelrecht vorgeführt, Sie mit dem Aufmarsch dieser beiden Typen richtig runtergelassen..."
"Das nennen Sie 'mir auf die Schulter klopfen'?"
"Lassen Sie mich Das ganz ausführen. Ich

wollte damit nur sagen, das lag nicht an Ihnen. Wäre es der alte Anwalt meines Bruder gewesen, er hätte mehr Stil bewahrt und Ihnen das Testament unter vier Augen gezeigt und diesem miesen Bürschchen nicht so einen Auftritt gegönnt, ebenso der alte Leibarzt von meinem Bruder."

"Ich kann mir gut vorstellen, dass sich der alte Fürst lieber mit angenehmeren Zeitgenossen umgeben hat. Dieser Testamentsverwalter und der Arzt wurden vermutlich auch von dem Baron empfohlen?"

"Sie haben einen guten Riecher, alle Achtung! Aber lieber zu etwas Erfreulicherem: Das Frühstück wird uns gleich auf das Zimmer serviert, ich muss nur noch schnell Bernard Bescheid geben."

"Sie behandeln mich besser, als ich erwarten kann, Waldemar."

"Aber bitte, Max, machen Sie sich nicht kleiner, als Sie sind. Auch wenn Sie Keinen meiner geliebten Familie ins Gefängnis gebracht haben, so haben Sie den Laden hier ordentlich aufgemischt, und dafür zeige ich gerne Dankbarkeit."

"Wenn Sie Das so sehen...", Max machte ein zufriedenes Gesicht.

"Ich werde Bernard Bescheid geben." Der Graf nahm sein Handy aus der Tasche und verließ das Zimmer.

Max steckte seine Habseligkeiten wieder ein und zog sich seine abgetragene, leichte Jacke über, während er darüber nachdachte, ob hinter dem Fürsten in der Tiefkühlung doch mehr stecken konnte, als eine unglückliche Verwechslung. Konnte es wirklich so gelaufen sein, wie in einer der Theorien des Doc? Möglich, aber wie viele Zufälle konnten denn zusammenkommen?

Während Max noch nachgrübelte, kam der Graf wieder ins Zimmer, doch seine Miene hatte sich verändert, er wirkte angespannt.

"Ich habe gerade mit Bernard telefoniert, er kommt gleich hoch."

"Und warum ziehen Sie so ein Gesicht? Sind die Frühstückseier zu hart geworden?", Max grinste.

"Bernard meinte, er muss Ihnen etwas Wichtiges zeigen."

"Und was wäre Das?" Seine Neugier verlagerte sich gerade.

Es klopfte an der Wohnungstür, ehe der Graf antworten konnte. "Das wird Sie umhauen.", sagte der Graf verheißungsvoll. Er öffnete die Tür und ließ einen sehr blassen und verstört wirkenden Butler eintreten. Max fragte sich einen Moment, was wohl passiert sein musste, ehe sein Blick nach unten glitt und auf

Bernard's behandschuhte Hand fiel, die einen Briefumschlag hielt.

 Max zog sich einen Einweghandschuh aus seiner Jackentasche über und nahm den Brief entgegen. Wie bei den Vorherigen war der Name mit Maschine geschrieben, doch dieses Mal war es nicht der seiner Schwester, sondern sein Eigener. Der Graf reichte ihm einen verzierten Brieföffner in der Form eines Dolches, doch Max lehnte dankend ab, da auch dieser Umschlag nicht zugeklebt war.

 'Tja, das ist aber jetzt auf jeden Fall ein Zufall zu viel...'

Hochadelsmord Kapitel 16

Nachdem Max den Brief gelesen hatte, wurde ihm klar, dass ihn sein Instinkt doch nicht betrogen hatte, oder dass eine Person in diesem Haus einen noch schwärzeren Humor hatte, als er selbst.

Er las den Brief Bernard und dem Grafen vor:

Ein toter Fürst...
Ein gefallener Adler...
Nicht Alles ist so wie es scheint...
Die Geschichte ist noch nicht zu Ende,
Herr Kommissar...

Nach einigen Sekunden des Schweigens, meldete sich der Graf zu Wort: "Ich vermute fast, Sie sind doch noch nicht mit Ihren Ermittlungen am Ende."

"Da stimme ich Ihnen zu, aber jetzt fängt die Suche nach dem Briefeschreiber von Vorne an."

"Haben Sie einen Verdacht?", wollte der Graf wissen.

Max hatte zumindest eine gute Vorstellung davon, wer es nicht ist.

Der Baron wollte ihn hier weghaben und dieser Brief hatte den gegenteiligen Effekt. Seine Schwester wollte ihn sowieso nicht hier haben; also konnte man sie auch ausschließen. Sollte er kein oscarprämierter Schauspieler sein, der seine Gesichtsfarbe kontrollieren konnte, fiel auch Bernard aus dem Kreis der Verdächtigen.

Die sogenannte Baronin Herzogin und ihr Gefolge schienen auch nicht infrage zu kommen. Zum Einen weil sie ihn nicht leiden konnten, zum Anderen ging Max davon aus, dass es eine Person sein musste, die sich bereits seit den ersten, beiden Briefen in diesem Haus aufhielt.

Leopold schied im Grunde auch aus. Obwohl er sich zurückhaltender ausdrückte, hatte Max ziemlich schnell bemerkt, dass er ihn nicht abkonnte, was natürlich auf Gegenseitigkeit beruhte.

Also blieben nur Peter von Adlerstätt, Helene von Adlerstätt, die Hausmädchen, der Gärtner, und natürlich der Graf...

"Max?", die Worte von Waldemar Graf von Adlerstätt rissen den Kommissar aus seinen Gedanken.

"Der Kreis der Verdächtigen hat sich zumindest eingeengt, aber darüber kann ich Ihnen natürlich nichts Näheres sagen..."

'Besonders weil du wieder zu diesem Kreis gehörst..."

Max wandte sich an Bernard und bat ihn, die Familie zusammenzurufen, damit er sie über die neuen Entwicklungen ins Bild setzen konnte.

"Also, nun sollte allen klar sein, dass dieser Fall nicht gelöst und meine Anwesenheit hier weiterhin notwendig ist." Max blickte in die versammelte Runde, nachdem er den Brief verlesen hatte. Die Blicke die er erntete, waren vielschichtig, aber größtenteils feindselig, außer Diejenigen der Hausangestellten, von Peter von Adlerstätt und dessen Adoptivvaters.
"Sind Sie eigentlich vollkommen beschränkt? Das ist doch nichts weiter, als ein schlechter Scherz!", sagte der Baron ungehalten.
"Wissen Sie, was kein Scherz ist? Dass der Mörder weiterhin unter Ihnen zu suchen ist." Max sah im Gesicht des Grafen, dass er dieser Aussage vollkommen zustimmte.
"Was bildet sich dieser... Dienstbote eigentlich ein?", tönte die Baronin Herzogin.
"Irgendwie zweifele ich daran, dass dieser Mann ein echter Kommissar ist", warf Freiherr Leopold ein.
"Vielleicht ist er ein Polizeischüler oder im Praktikum", meinte die Prostituierte.

"So ein versiffter Kerl wie der, sollte bei der Polizei doch gar nicht hereingelassen werden, außer in eine Gefängniszelle", meldete sich der Zuhälter zu Wort.

"Jetzt halten Sie mal alle die Schnauze! Mir ist egal, für was sie mich halten, wichtig ist nur, was auf meinem Ausweis steht. Und da ich der Einzige hier bin, der so einen Ausweis sein Eigen nennt, habe ich hier das Sagen. Und nun passen Sie alle gut auf, was ich Ihnen sage: Keiner verpisst sich von hier, solange ich das nicht ausdrücklich erlaube."

"Das ist ungeheuerlich! Die Krönungszeremonie ist in wenigen Stunden!", brüllte der Baron ihn an.

"Tja, dann hoffen Sie mal, dass ich den Fall bis dahin gelöst habe, ansonsten dürften Sie zu spät kommen."

"Sie... Sie..." Der Baron war so wütend, dass ihm anscheinend die Worte fehlten.

"Passen Sie auf, was Sie sagen, Beamtenbeleidigung wird teuer." Max drehte sich von der Familienversammlung weg und machte sich auf den Weg nach draußen, er wollte in Ruhe telefonieren. Nach dem ersten Klingeln wurde abgenommen.

"Hey Max! Warum bist du nicht im Büro?", Arni's Stimme klang zwar nicht vorwurfsvoll, aber schon ein bisschen angespannt.

"Ich ermittle."
"Junge, du weißt doch, dass Dr. Mutzvink dich zurückgepfiffen hat und wir keinerlei Hinweise haben, dass es dort in dem Adelsnest noch etwas zu ermitteln gibt."
"Wichtige, neue Erkenntnisse: Wir haben einen neuen Brief erhalten."
"Was? Verdammt, wie schaffst du Das nur immer?"
"Ich habe mir den Brief nicht selber geschrieben, falls du das meinst." Max zog den Brief aus seiner Jackentasche und sah sich den Umschlag an. "Aber er wurde diesmal an mich adressiert, ohne Umweg über meine Schwester."
"Hätte ich auch nie gedacht, es geht schließlich um nichts Wichtiges. Lässt du uns den Brief zukommen?"
"Ihr müsst schon Jemanden vorbei schicken, ich muss wissen, ob der Brief aus dem Drucker-" Max hielt inne, während er sich die Buchstaben ansah.
"Was ist denn los, bist du in Ohnmacht gefallen? Hast du die Schwester des Grafen nackt gesehen?"
"Habt Ihr schon die zwei Briefe getestet, ob die aus dem Drucker von James stammten?"
"Nein, bisher noch nicht getestet, aber die Jungs vom Labor sind dran."

"Treib Sie an und schick Jemanden her, der diesen Brief abholt, ich muss etwas untersuchen. Und schick gleich die Spurensicherung mit."

"Aber warum das denn? Den Brief muss doch einfach nur ein Bote-"

"Keine Fragen, tu was ich dir gesagt habe!"

"Schon OK, ich kümmere mich ja darum, immer ruhig bleiben. Ciao!", Arni legte auf.

Max konnte aber nicht ruhig bleiben, wenn er sauer auf sich selbst war. 'Verdammt! Warum ist mir Das nicht gleich aufgefallen?' Er drehte sich zur Tür um und stürmte ins Haus, auf direktem Weg zu Bernard.

Als er den Butler in der Küche antraf, sah ihn dieser verwirrt an.

"Was kann ich für Sie tun, Herr Kommissar?"

"Steht hier in dem Haus irgendwo eine Schreibmaschine?"

Hochadelsmord Kapitel 17

Bernard führte ihn in die Bibliothek, wo er gleich sah, was er suchte: Eine antike Schreibmaschine, mitten auf dem Tisch am hinteren Ende des Raumes, nach endlosen, deckenhohen Regalen mit noch endloseren Buchreihen.
Max sah eine leichte Staubschicht auf den verschiedenen Möbeln, offenbar wurde dieser Raum von den Hausmädchen gerne ausgespart.
"Wird dieser Raum häufig genutzt?"
"Nun, seltener, seit es das Internet, E-Books und die Suchmaschinen gibt. Es geht wohl schneller, ein paar Schlagworte in eine Suchmaschine einzugeben, als einige, dutzend Bücher aus den Regalen zu ziehen und stundenlang nach Informationen zu suchen."
Max betrachtete die Schreibmaschine, kein Staub auf den Tasten, ebenso war der Tisch relativ frei von Staub. Kein Zweifel, hier saß vor Kurzem Jemand, der die Diese benutzt hatte.
Max könnte sich ohrfeigen, da ihm erst beim dritten Brief aufgefallen war, dass die

Buchstaben in das Papier gedrückt waren, was bei Schreibmaschinen normal war, aber nicht bei Druckern.

"Wer benutzt Ihres Wissens nach diese Schreibmaschine, Bernard?"

"Der verstorbene Fürst hat Sie des Öfteren benutzt, bis kurz vor seinem Tod hat er noch Briefe damit geschrieben. Einen an seinen langjährigen Anwalt und Freund Dr. Berchert, der zu dieser Zeit im Urlaub weilte."

"Sonst noch Jemand?"

"Ich habe auch Waldemar Graf von Adlerstätt einige Male an diesem Tisch gesehen, wenn auch nicht so häufig wie seinen Bruder."

Das verwunderte Max nicht. Aber eine andere Information erregte gerade mehr seine Aufmerksamkeit.

"Sie sagten, sein langjähriger Anwalt und Freund Dr. Berchert. Der Anwalt, welcher gestern hier war, hieß doch Meyrink, oder?" Der Graf hatte schon den alten Anwalt seines Bruders erwähnt.

"Ja, das ist richtig, Sir. Dr. Berchert ist vor einigen Monaten in den Ruhestand getreten."

"Aus gesundheitlichen Gründen?"

"Meines Wissens erfreut sich Dr. Berchert weiterhin bester Gesundheit."

"Warum dann der Ruhestand?"

"Da bin ich leider überfragt, Sir, vielleicht

sollten Sie Das mit Dr. Berchert persönlich erörtern."

"Ich denke, das werde ich tun, könnten Sie ihn für mich anrufen?"

"Gerne, Sir."

Max dachte kurz nach und ihm fiel noch etwas ein. "Der Graf erwähnte auch einen alten Leibarzt des Fürsten."

"Ja, Sir. Dr. Schilling."

"So hieß der Arzt von gestern, ich meinte den Vorherigen."

"Das ist richtig Sir, ich spreche von Dr. Schilling Senior, der Vater des Arztes, der gestern hier war."

"Auch im Ruhestand?"

"Ja, Herr Kommissar."

"Haben Sie da ein wenig Hintergrundwissen oder wollen Sie ihn auch gleich für mich anrufen und hierher bestellen?"

"Ich würde es bevorzugen, ihn für Sie anzurufen, Sir", meinte Bernard mit einem Lächeln.

"Gut Bernard, und bitte machen Sie den Beiden die Dringlichkeit der Sache klar, ich würde sie gerne so bald wie möglich befragen."

"Sehr wohl, Sir." Bernard verließ die Bibliothek und Max sah sich noch ein wenig um. Er hatte keinen Zweifel daran, dass der

ominöse Briefeschreiber hier zu Werke gegangen war. Und es deutete im Moment alles darauf hin, dass es der alte Graf war. Aber weshalb sollte er Max' Schwester bedrohen? Eventuell wollte er nur ein wenig Unfrieden stiften und der dritte Brief war lediglich ein letzter Versuch, die Fürstenwerdung seines verhassten Neffen zu verzögern. Das schien zumindest die wahrscheinlichste Theorie zu sein, aber sollte Das der Fall sein, würde Max die Sache am Liebsten unter den Tisch fallen lassen.
 Was stand nun an? Bis der Anwalt und der Arzt hier eintrafen, würde es ein bisschen dauern, also konnte er noch etwas zur Entspannung tun. Er suchte die Bücherregale ab und fand einen Wälzer, der ihn interessierte, die Romanvorlage zu einem seiner Lieblingsfilme. Mit einem guten Buch konnte man an dem Ort, den er gleich aufsuchen würde, viel besser entspannen. Er klemmte sich das Buch unter den Arm und ging zu einem der schönsten Orte in jedem Haus.

Hochadelsmord
Kapitel 18

'So lässt es sich leben!', dachte sich Max. Ein gutes Buch, eine göttliche Ruhe und ein bequemer Sitzplatz, was wollte man mehr?

"Herr Schneider? Wo sind Sie?", die Stimme von Bernard drang unangenehm an seine Ohren.

'Verdammt! Kann man denn nicht mal in Ruhe... Oh, doch schon so spät`, dachte sich Max mit einem Blick auf sein Smartphone, offenbar hatte er sich etwas zu sehr in das Buch vertieft.

"Herr Kommissar?"

"Ja, ich bin hier, Bernard!" Max schloss das Buch und seine Hosen, nachdem er die Spülung betätigt und sich gesäubert hatte. Als er die Tür öffnete, stand der Butler vor ihm.

"Herr Schneider, entschuldigen Sie bitte meine, äh, Störung, aber Dr. Berchert ist soeben eingetroffen, er erwartet Sie im Speisesaal. Dr. Schilling Senior ist ebenfalls auf dem Weg." Er hatte wirklich lange gelesen...

"Sehr gut! Danke Bernard, und", Max reichte

dem Butler seine Lektüre, "bringen Sie Das bitte in die Bibliothek zurück?"
"Sehr wohl, Sir."
Bernard machte sich auf den Weg zur Bibliothek und Max ging Richtung Speisesaal. Auch wenn er sich nicht die größte Hoffnung machte, neue Erkenntnisse zu gewinnen, die ihn in diesem Fall weiterbrachten, aber es war zumindest etwas Abwechslung.

"Dr. Berchert?", Max sprach einen älteren Mann mit einem grauen Haarkranz an, der zerstreut den Raum musterte. Er zuckte leicht zusammen, als er die Stimme des Kommissars hörte.
"Äh, ja, der bin ich. Sind Sie der Kommissar?"
"Kommissar Max Schneider, Mordkommission, freut mich, Sie kennenzulernen." Er reichte ihm die Hand.
"Die Freude ist ganz auf meiner Seite." Er ergriff die Hand von Max und hatte überraschenderweise einen recht kräftigen Händedruck.
"Wie ich gehört habe, waren Sie der langjährige Anwalt und Freund des verstorbenen Fürsten?"
"Ja, genau, das bin, äh, war ich. Und der Tod des Fürsten hat mich sehr überrascht. Ich war

zu der Zeit im Urlaub und habe erst gestern von seinem Tod erfahren." Dr. Berchert hatte die Stimme gesenkt, offenbar trauerte er noch um seinen verstorbenen Freund.

"Sie wussten gar nicht, dass der Fürst verstorben ist? Hat Sie Niemand benachrichtigt?"

"Ich nehme mein Handy nie mit in den Urlaub, und selbst wenn, würde es nichts bringen. Ich verbringe meinen Urlaub in einer einsamen Skihütte in den Bergen. Kein Telefon, kein Internet, kein Fernsehen und kein Handyempfang."

"Und was machen Sie den ganzen Tag?"

"Für das Kaminfeuer Holz hacken, von der Haustür den Schnee wegräumen und in alten Anwaltsjournalen lesen."

"Und Das nennen Sie Urlaub?"

„Äh, ja, für mich ist Das Urlaub."

'Naja... Ich muss ja nicht Alles verstehen...'

"Dann wurden Sie auch nicht zur Beerdigung oder zur Einführung des neuen Fürsten eingeladen?"

"Doch, doch, die Einladungen waren in meinem Briefkasten, allerdings leere ich diesen immer selbst nach meinem Urlaub."

"Und nun sind Sie aufgrund meiner Initiative hier, aber ich vermute, Sie wären auch ohne meine Einladung gekommen, um der Familie zu kondolieren?"

"Das auch, aber mein dringlichstes Anliegen betrifft nicht meine Kondolenz-Absichten, sondern einen Fall, den mir mein verstorbener Freund aufgetragen hat."

Max wurde hellhörig. "Um was genau geht es dabei?"

"Ich bin eigentlich nicht befugt, mit Ihnen darüber zu reden."

"Ich muss Sie leider darüber informieren, dass ich den berechtigten Verdacht habe, dass der verstorbene Fürst ermordet wurde."

Dr. Berchert wäre fast umgekippt, so geschockt schien er. "Aber... Sind Sie sich sicher?", stammelte er.

"Er wurde nachweislich vergiftet."

Dr. Berchert zog wortlos eine Mappe unter seinem Arm hervor, die Max nicht aufgefallen war und reichte sie ihm. Er schlug sie auf und hatte wieder die leichte Hoffnung, Munition gegen seinen Widersacher in die Hand bekommen zu haben.

"Ich denke, in Anbetracht dieses Sachverhaltes... müssen Sie diese Dokumente in Augenschein nehmen."

Max blätterte durch, es waren drei geheftete DIN A 4-Blätter. Als er zu lesen begann, wurden seine Augen immer größer. Er konnte es nicht fassen, Das hier war keine Munition,

Das war eine verdammte Atombombe!

 Max sah neben den Unterschriften von Dr. Berchert und dem Fürsten noch zwei weitere am Ende der Seite, er blätterte fast apathisch weiter und las die nächste Seite, wieder mit den selben Unterschriften, das Selbe auf der dritten Seite.

 "Hilft Ihnen Das weiter, Herr Kommissar?", die Worte des Anwalts rissen Max aus seinem Schockzustand. Max sah Dr. Berchert an, er konnte nichts sagen, nur nicken, ehe er sich umdrehte und wie von der Tarantel gestochen aus dem Speisesaal rannte. Er schlug einen Hacken, stürzte die Treppe hinauf und hätte dabei fast seinen Schwager und seine Schwester umgerannt, die sich anscheinend bereits umgezogen und für die Fürstenkrönung zurechtgemacht hatten. Der Baron trug eine abscheuliche Galauniform, die weniger an Fürst Rainier, als vielmehr an Rudolph Moshammer erinnerte. Die künftige Fürstengattin machte es nicht besser: Mit dem roten Wallerock und dem grünen Korsett sah sie wie eine Kirschbombe aus.

 Zu jedem anderen Zeitpunkt hätte sich Max ein halbes dutzend Spitzen nicht verkniffen, doch in diesem Fall beließ er es bei einem kurzen Innehalten und einem erst prüfenden, dann geschockten Blick, ehe er weiter zur Tür des Grafen rannte. Er hämmerte dagegen, als er bemerkte, dass die Tür nur angelehnt war. Er trat, ohne auf eine Aufforderung zu warten, in die Wohnung, sah sich um und entdeckte den Grafen. Max ging langsam auf ihn zu. Er lag neben seinem massiven Couchtisch mit dem Gesicht nach unten auf dem Teppich, er hatte eine Platzwunde an der linken Schläfe und aus dem Rücken ragte links über der Hüfte sein Brieföffner in die Höhe.

"Verdammte Scheiße", entfuhr es Max. 'Hätte es nicht den Baron oder den Freiherrn erwischen können?'

**Hochadelsmord
Kapitel 19**

Nachdem sich Max, nach einigen Sekunden, vom ersten Schock erholt hatte, eilte er zum Grafen und fühlte nach dem Puls. War da etwas? Wie fest musste man nochmal Jemanden die Kehle zudrücken, um zu erkennen, ob da noch Puls war? 'Verdammt! Der letzte Erste-Hilfe-Kurs ist doch schon zu lange her...'

Er richtete sich wieder auf und zog sein Smartphone aus der Tasche, um einen Notarzt zu rufen, während er wieder aus der Wohnung stürzte und zur Treppe rannte. Als er gerade nach unten hechtete, sah er Bernard an der Eingangstür mit einem, ihm unbekannten Mann, stehen.

"Herr Kommissar, Dr. Schilling Senior ist soeben eingetroffen."

'Noch besser als ein Notarzt!' "Dr. Schilling", Max drehte auf dem Absatz um, "kommen Sie mit, schnell!" Und an Bernard gewandt: "Verschließen Sie alle Türen, hier darf keiner mehr raus!"

"Was fällt Ihnen eigentlich ein? Wir sind schon spät dran!", protestierte der Baron, doch

Bernard kam ohne zu Zögern der Bitte von Max nach.

 Der irritierte Arzt folgte Max mit schnellem Schritt in die Wohnung des Grafen. 'Machen sie bloß nicht schlapp, Herr Graf, ich brauche sie noch...', dachte er sich, als sich der Arzt über Waldemar Graf von Adlerstätt beugte und den Puls fühlte.

 Mittlerweile hatte sich die gesamte Adelsfamilie in der Eingangshalle eingefunden, teils verwundert, teils verärgert über die Verzögerung. Bernard stand wie ein Türsteher einer Disco vor der Eingangstür, nur wesentlich besser gekleidet. Er hatte seinem Titel als Majordomus alle Ehre gemacht und das Hauspersonal eingeteilt: Die Hausmädchen bewachten die Hintertür und einen weiteren Nebeneingang und der Gärtner war vor der Kellertür positioniert. Das hatte der Kommissar zwar nicht explizit angeordnet, aber die Aussage, dass hier keiner raus durfte, schloss diese Maßnahme wohl mit ein.
Der Baron hatte natürlich lautstark protestiert und dem Butler sogar mit der fristlosen Kündigung gedroht. Doch nach der Bemerkung von Bernard, dass der Kommissar, bei einer Zuwiderhandlung seiner Anweisung, die Krönung nicht nur verschieben, sondern

vielleicht gänzlich absagen müsse, zog er sich wieder zurück, natürlich nicht, ohne weiter leise vor sich hin zu meckern.

Die restliche Familie hielt sich vorläufig bedeckt, selbstverständlich mit Ausnahme der Baronin-Herzogin. Sie zeterte, gestikulierte und machte ihrem Ärger, auch auf sonst jede erdenkliche Weise, Luft.

Die Minuten vergingen, ohne dass man etwas aus der Wohnung des Grafen hörte. Nach einer gefühlten Ewigkeit kam der Kommissar ins Blickfeld der Familie und verharrte am Kopf der Treppe. Selbst auf die Entfernung konnte man seine betretene Miene erkennen. Er ging langsam die Treppenstufen hinab, während er die einzelnen Familienmitglieder mit leeren Augen musterte.

Keines der Familienmitglieder zweifelte daran, was Das zu bedeuten hatte: Der alte Graf war tot und Max wollte den Mörder seines Lieblingsadeligen um jeden Preis finden. Er war sich sicher, dass der Täter unter ihnen zu finden war. Als Max den Fuß der Treppe erreicht hatte, hörte er noch das Gemecker der Baronin Herzogin von Adlerstätt zu Falkenstadt. Als sein Blick auf sie fiel, weiteten sich seine Augen, er wäre fast zurückgeprallt. Es sah aus, als hätte sie einen Papagei geschlachtet und sich die Überreste an ihren Hals geklebt. Das Kleid war ähnlich furchteinflößend, eine Mischung aus grauen, weißen und blauen Vorhängen, die anscheinend ohne System zusammengenäht wurden. Wie nannte man so etwas?

Max fasste sich wieder und begann seine Ansprache: "Waldemar Graf von Adlerstätt wurde ermordet. Nach der Meinung von Dr. Schilling ist es noch keine Stunde her."

Peter von Adlerstätt torkelte rückwärts gegen die Wand, Bernard und Dr. Berchert, die auch fassungslos dreinblickten, eilten zu ihm, um ihn zu stützen. Der Baron und dessen Frau machten ein bestürztes Gesicht, Helene Freifrau von Adlerstätt schlug die Hand vor den Mund, ihr Mann Leopold behielt weitestgehend seinen blasierten Adelsblick bei, während seine Mutter sich ein schäbiges Lächeln nicht verkneifen konnte oder wollte. Die Gesichter ihrer Adoptivkinder konnte er nicht sehen, da sie sich zu Peter von Adlerstätt umgedreht hatten.

Max wartete einen Moment, ehe er weitersprach: "Dadurch ergibt sich selbstverständlich ein neuer Sachverhalt, dem wir uns alle unterordnen müssen, was bedeutet, dass die Krönung ausfällt."

Nun richteten sich wieder alle Blicke auf Max, manche verwundert, andere verärgert, doch die Miene seines Schwagers war bar jeder Beschreibung.

"Das ist... Sie! Sie verdammter Scheißkerl wollen mir meine wohlverdiente Krönung versauen!" Einen solchen Rotton wie ihn der Baron gerade im Gesicht trug, kannte Max bislang nur von seinem Chef.

"Über das 'wohlverdient' lässt sich streiten, wo wir schon beim Thema sind, aber vorher eine andere Frage: Ich habe durch mehrere Personen von Unstimmigkeiten zwischen Ihnen und Ihrem Vater gehört, teils nur angedeutet, teils habe ich bemerkt, dass ich belogen wurde, wenn mir von der so guten, familiären Chemie berichtet wurde. Mir liegt ein Schreiben vor, dass Ihr verstorbener Vater verfasst hat, aus dem hervorgeht, dass er mit Ihnen und Ihrem Cousin eine Angelegenheit von großer Wichtigkeit besprechen wollte. Ich gehe stark davon aus, dass Ebendies zu einem Streit geführt hat, Herr Baron."

Das Gesicht seines Schwagers war nun weniger wütend, dafür irritiert. "Was für ein Schreiben ist das? Kann ich es bitte sehen?"

"Nein, Sie können mir antworten. Worum ging es in dem Streit?"

"Nun", der Baron suchte fieberhaft nach den passenden Worten und den passenden Lügen. "Es ging um finanzielle Angelegenheiten, die

Art unserer Investitionen in Firmen, Grundstücke und dergleichen. Wir hatten da ein paar verschiedene Ansichten, das kann unter Umständen zu einem leichten Streit geführt haben." Der Baron sah Max unsicher an, auch er war nicht der beste Lügner.
"Interessant. Wissen Sie, die geldlichen Angelegenheiten wollte ich erst später ansprechen, da liegt mir nämlich auch ein Schreiben vor, das sehr aufschlussreich ist."
 Der Baron verlor immer mehr seine Fassung. "Wie meinen Sie das?"
 "Ich zitiere gerne aus dem Schreiben Ihres Vaters."

Ich, Friedrich Fürst von Adlerstätt, möchte meine Vermutung mitteilen, dass mein Sohn, Gunther Baron von Adlerstätt, illegale Finanzgeschäfte betreibt. Mir liegen keine gesicherten Beweise vor, doch habe ich selbst einige Indizien dafür gefunden. Unter Anderem Belege über Investitionen verschiedener Firmen untereinander, um künstlich das Kapital zu erhöhen und die Bilanzen zu beschönigen.
 Desweiteren sind mir Ungereimtheiten bei der Steuererklärung unseres Fürstentums aufgefallen, verschiedene Abschreibungen, die mir unbekannt und meines Erachtens nach

gefälscht sind.
Die Belege und die Steuererklärung werde ich in Kopie noch beifügen.

Der Baron stand wie zur Salzsäule erstarrt da, der Mund stand offen und sein Blick starr auf Max gerichtet.
"Das ist... eine Ungeheuerlichkeit! Dieses Schreiben muss eine Fälschung sein!"
"Es ist von Ihrem Vater, seinem Anwalt und zwei Zeugen unterschrieben."
"Was für Zeugen?", wollte der fassungslose Baron wissen.
"Zum Einen Waldemar Graf von Adlerstätt und zum Anderen Bernard."
Der Blick des Barons schwenkte wie in Zeitlupe zu dem Butler, der verlegen zu Boden blickte.
"Sie... Sie sind fristlos gekündigt! Was bilden Sie sich eigentlich ein?"
"Der verstorbene Fürst hat mich darum gebeten, ihn zum Anwalt zu begleiten, Sir."
"Baron! Ich bin immer noch Baron!"
"Warten wir mal ab, wie lange noch", meinte Max hämisch und zog damit die Aufmerksamkeit seines Schwagers wieder auf sich.
"Was soll Das nun wieder heißen? Soll die Steuerfahndung doch alles auf den Kopf

stellen, selbst wenn ich, versehentlich, etwas falsch gemacht haben sollte bei der Steuererklärung, werde ich Fürst und bezahle die Strafe aus der Portokasse. Und Das mit den Firmen, da bin ich lediglich freiberuflicher Berater. Sollte da etwas nicht mit rechten Dingen zugegangen sein, hat das nichts mit mir zutun!" Der Baron hatte wieder zu seiner Selbstsicherheit zurückgefunden.

"Ich meinte auch nicht wegen der finanziellen Geschichte. Wie bereits erwähnt, ich denke das der Streit einen anderen Hintergrund hatte, besser gesagt, ich weiß es.", Max grinste vielsagend.

"Sie unterstellen mir, zu lügen?", nun brüllte sein Schwager.

"Nein, ich weiß, dass Sie lügen. Sagt Ihnen der Satz "Anerkennung unehelicher, adeliger Abkömmlinge" etwas?" Der Gesichtsausdruck des Barons gab Max die Antwort.

"Wie haben Sie davon erfahren?", wollte der Baron tonlos wissen.

"Ein weiteres Schreiben Ihres Vaters. Also, ich stelle es mir so vor, der Fürst hat Ihnen und Leopold klar gesagt, dass er eine fürstliche Verfügung aufsetzen möchte, die unehelichen Kindern alle Rechte und Privilegien zugestehen wie den ehelichen Kindern der Adelsfamilie, vermutlich hat er es Ihnen gegenüber so dargestellt, dass er nicht wolle, das so etwas wie mit seinem Bruder, dem Grafen, nicht noch einmal vorkommen sollte. Aber bei Ihnen Beiden haben selbstverständlich alle Alarmglocken geläutet, da Sie vermuteten, dass es das ein oder andere Kind bereits geben könnte und dieses Kind dem Fürsten auch bekannt ist. Das würde natürlich das Erbe schmälern und eventuell könnten sogar Ansprüche auf die Thronfolge entstehen. Liege ich soweit richtig, Herr Baron?"

Sein Schwager sah betreten zu Boden und sagte nichts, er nickte nur schwach. Leopold Freiherr von Adlerstätt hatte ebenfalls den Kopf gesenkt und war anscheinend froh, nicht befragt zu werden.

"Tja, nur leider haben Sie sich verrechnet, der alte Fürst war, trotz oder gerade wegen seines Alters, ziemlich gerissen. Er hat die fürstliche Verfügung, bereits einige Tage bevor er Ihnen Das mitgeteilt hat, schriftlich fixiert und unterschrieben."

Die Köpfe von dem Baron und seinem Cousin schnellten zeitgleich in die Höhe und starrten Max mit großen, ungläubig dreinblickenden Augen an.

"Ich kann Ihnen Ihre Neugier nicht verdenken, ich zitiere den verstorbenen

Fürsten aus diesem Schreiben gerne."

<u>Verfügung</u>

Ich, Friedrich Fürst von Adlerstätt, amtierender Fürst, verfüge hiermit, dass allen unehelichen Kindern des Hauses Adlerstätt die selben Rechte und Privilegien zugestanden werden, wie sie den ehelichen Kindern zustehen. Zu diesen gehört insbesondere die Gleichstellung im Erbfall und Anspruch auf die Thronfolge. Desweiteren lege ich hiermit fest, dass das Erstgeborenenrecht bis auf Weiteres aufgehoben wird. Es ist nicht mehr notwendig, dem Erstgeborenen explizit die Thronfolge zu entziehen, es muss lediglich offiziell in schriftlicher Form eine andere Person zum Thronfolger ernannt werden.

Alle Anwesenden blickten entgeistert auf Max, der lächelnd die Worte des verstorbenen Fürsten abgelesen hatte. Der alte Fürst war wirklich ein Fuchs!
 Nach einigen Momenten des stillen Schocks, ließ Max die nächste Bombe platzen.
"Sie lagen mit Ihrer Vermutung übrigens goldrichtig, der alte Fürst hatte ein uneheliches Kind. Allerdings lagen Sie insoweit daneben, dass Sie dachten, hier könnte sich Jemand ins

Haus drängen. Das Kind befindet sich bereits in diesem Haus."

Hochadelsmord Kapitel 20

Er betrachtete amüsiert das Schauspiel, das sich ihm darbot. Völlig verstörte Adelige starrten um sich, tuschelten und versuchten, die Person ausfindig zu machen, die das uneheliche Kind des Fürsten war.
 Wer kam infrage? Wer war verdächtig? Wusste es die betreffende Person überhaupt? Max genoss es.
 Nach einigen Minuten wandten sich die Anwesenden wieder Max zu, der weiterhin lächelnd die Situation in sich aufnahm.
Die Menge wurde langsam unruhig, Max konnte fast hören, wie sie mit den Hufen scharrten.
 "Nun reden Sie schon!", durchbrach die Baronin Herzogin die angespannte Stille. "Wer ist dieser Bastard meines Bruders?"
 'Was für ein Schandmaul die Alte doch hat...'
"Ich würde gerne erst aus dem dritten Dokument, das der Fürst hinterlassen hat, vorlesen." Es war ein lautes Stöhnen zu hören, das vom Baron kam. Max war neugierig wie viel er noch ertragen konnte, bis er zusammenklappte.

Testament

Ich, Friedrich Fürst von Adlerstätt, erkläre im Vollbesitz meiner geistigen Kräfte, dass mein Sohn Gunther Baron von Adlerstätt enterbt wird, desweiteren erkenne ich ihm alle Titel ab. Ich entziehe ihm jeglichen Zugriff auf das Fürstenvermögen und die fürstlichen Besitztümer. Als meinen Haupterben setze ich meinen unehelichen Sohn Peter von Adlerstätt ein. Bitte verzeih mir, dass ich zu Lebzeiten nicht die Kraft hatte, reinen Tisch zu machen. Ich liebe dich, mein Sohn.

Nun war der Moment gekommen, indem der Baron in sich zusammenfiel. Er torkelte rückwärts an die Wand und blieb wie versteinert stehen.

Die Blicke der Anwesenden wanderten zu Peter von Adlerstätt, der mit Tränen in den Augen um Fassung rang.

"Das ist alles eine große Verschwörung! Ich glaube keinen Moment, dass dieses Testament echt ist! Und falls es das ist, dann hat Peter wahrscheinlich mit Hilfe von James den Fürsten vergiftet, damit er seine Nachfolge antreten kann! Dieser Bastard von Erbschleicher!" Leopold Freiherr von Adlerstätt hatte seine adelige Fassade anscheinend nicht länger aufrechterhalten können.

In diesem Moment verzog sich die traurige Miene von Peter von Adlerstätt zu einer wütenden Maske. Er hechtete auf Leopold zu und ehe der Freiherr reagieren konnte, hatte er eine Faust im Gesicht. Peter von Adlerstätt warf sich mit seinem Körper gegen den taumelnden Verwandten und riss ihn zu Boden, während er weiter auf ihn einschlug. Die umstehenden Personen waren so geschockt, dass sie nicht dazwischen gingen.

"Du dreckiger Mistkerl! Du verdammter Mörder!" Peter von Adlerstätt hatte jegliche Kontrolle verloren.

Max zweifelte nicht daran, dass der Freiherr so gut wie tot war, wenn Niemand eingriff, also zog er seine Waffe und schoss in die Wand. Alle wirbelten erschrocken zu ihm herum und Peter von Adlerstätt hielt inne.

"Auch wenn ich Ihre Gefühle verstehen kann, so muss ich Sie bitten, von dem Beweisstück herunter zu gehen."

Einen Moment zögerte der, auf der Brust von Leopold kniende Mann, ehe er aufstand und sich ein paar Schritte von seinem Opfer entfernte, nicht ohne ihn weiterhin mit einem tödlichen Blick zu taxieren.

Der Freiherr rappelte sich mit Hilfe des

Zuhälters auf und blickte benommen in Max' Richtung. Das Brillengestell war verbogen, aber die Gläser noch intakt.

"Das ist Unsinn! Ich habe nichts mit dem Tod des Fürsten zutun! Er will doch nur von sich ablenken!" Max sah Peter von Adlerstätt an, es fehlte nicht viel und er würde gleich wieder auf Leopold losgehen.

"Ich muss zugeben, als ich dieses Testament gelesen habe, hatte ich auch diesen Gedanken, aber dummerweise haben Sie sich verraten, verehrter Freiherr."

Leopold war verwirrt. "Wie meinen Sie das?"

"Sie sagten, Peter von Adlerstätt hat mit James' Hilfe den Fürsten vergiftet, wie kommen Sie darauf? Der erste Gedanke wäre doch, dass er es James in die Schuhe schieben wollte, indem er das Gift im Zimmer von ihm deponiert hat. Aber Sie sind davon überzeugt, dass James beauftragt wurde, den Fürsten zu töten. So überzeugt kann nur Jemand sein, der weiß, dass James wirklich mit dem Mord beauftragt wurde."

Der Freiherr stand wortlos da und starrte unsicher in die Gesichter der Anwesenden, deren Blicke ihn durchbohrten. Er wankte leicht, was an den Schlägen liegen konnte, aber auch an der aufkeimenden Gewissheit, aufgeflogen zu sein.

"Das ist doch... ich habe eben vermutet, dass...", stammelte er, jedoch wurde ihm die Aussichtslosigkeit seiner Erklärungsversuche bewusst.

"Und dann begingen Sie einen zweiten Mord."

"Mit dem Grafen habe ich nichts-"

"Nicht der Graf, Sie haben James die Überdosis verabreicht, in der Hoffnung, dass er stirbt, um so möglichen, zukünftigen Erpressungsversuchen zu entgehen."

Der Freiherr setzte nach einigen Momenten wieder sein Adelsgesicht auf.

"Ich sage nichts mehr ohne meinen Anwalt."

"Den werden Sie auch brauchen", sagte Max, während er mit der Waffe auf den Adeligen zuging. Die anderen Personen bildeten eine Gasse und ließen Max ungehindert seine Arbeit tun. Er legte dem Freiherrn die Handschellen an und bat ihn, doch Platz zu nehmen. Er setzte sich auf einen noblen Stuhl mit Samtbezug, er würde lange Zeit kein so bequemes Sitzmöbel mehr sehen.

Max ging zu Peter von Adlerstätt, der noch immer vor Wut vibrierte, jedoch einen zufriedenen Eindruck machte, während er Leopold in Handschellen sah. Max flüsterte ihm etwas ins Ohr, woraufhin sich seine Miene aufhellte.

"Nun, da Das geklärt ist, kommen wir doch nochmal auf den Grafen zu sprechen.", Max hatte sich wieder der Menge zugewandt. "Wer kommt denn am Ehesten in Frage? Wem war der alte Graf ein Dorn im Auge?" Max ließ seinen Blick schweifen, der an der Herzogin Baronin haften blieb.

"Was starren Sie mich so unverschämt an, Sie Flegel? Sie werden noch dafür bezahlen, dass Sie meinen Sohn in Handschellen gesteckt haben, das wird sich für Sie noch als furchtbarer Fehler herausstellen!", sie keifte, als ob es kein Morgen gäbe.

"Ich dachte nur gerade daran, wie leid es mir tut, dass Sie und Ihre beiden Rotlichter bald von hier verschwinden müssen."

"Was denken Sie sich eigentlich? Dass dieses Testament Bestand hat, wage ich zu bezweifeln, und ich bin immer noch persönlicher Gast meines Neffen!"

"Wenn Sie seine Gastfreundschaft im Gefängnis in Anspruch nehmen wollen, ist mir das Recht."

"Wovon reden Sie eigentlich? Haben Sie mich nicht schon genug fertig gemacht?", tönte der ehemalige Baron aus dem Hintergrund.

Max drehte sich in die Richtung seines Schwagers. "Ich rede davon, dass Sie eine Stinkwut auf Ihren Onkel hatten, und das nicht erst seit Kurzem."

"Jetzt reicht es mir aber wirklich! Sie kommen in mein Haus, belästigen meine Familie und unterstellen mir hier einen Mord!" Gunther war außer sich, er hatte jegliche Selbstbeherrschung verloren.

"Es ist nicht mehr Ihr Haus und Ihre Familie belästigt sich selbst. Sie sind der Täter."

"Ich habe den alten Mistkerl nicht erstochen!"

Max' Augen wurden schmal und sein gemeines Lächeln erschien auf seinem Gesicht. "Wer hat gesagt, dass der Graf erstochen wurde?"

Sein Schwager starrte ihn erschrocken an, als ihm bewusst wurde, welche Bedeutung die Worte von Max hatten. Er wirbelte herum und wollte zur Tür rennen, doch Bernard stellte ihm ein Bein und er fiel hart zu Boden. Max richtete seine Waffe auf den zu Boden gegangenen Mann und trat näher.

"Sie haben keine Beweise! Dass er erstochen wurde, haben Sie irgendwann vorhin erwähnt!" Helene Freifrau von Adlerstätt schien ihre Sprache wiedergefunden zu haben.

"Aha, und da sind Sie sich ganz sicher?", fragte er nach.

"Ja." Sie klang entschlossen, aber wie Max schon bemerkt hatte, konnte sie nicht besonders gut lügen.

"Kein Problem, wir haben noch einen Augenzeugen."

"Und wer soll das sein?", meldete sich Gunther wieder zu Wort.

"Wie wäre es mit mir?", die dröhnende Stimme kam von der Treppe.

Alle Anwesenden schwenkten die Köpfe in diese Richtung und fast Jedem stockte der Atem, als sie die Person sahen.

"Das... ist... unmöglich!", stammelte der ehemalige Baron.

"Ich erwarte meinen Akkuträger zurück, den du mir über den Kopf gezogen hast, Gunther!"

Mit Hilfe von Dr. Schilling stieg Waldemar Graf von Adlerstätt langsam die Treppenstufen hinunter.

Hochadelsmord
Kapitel 21

Die drückende Stille, nach dem allgemeinen, geschockten Schweigen, wurde durch die Türklingel gebrochen.

'Endlich die Kavallerie!', dachte sich Max. Er wies Bernard an, die Türen wieder aufzuschließen.

"Sehr wohl, Sir", kam es von Bernard, der mit einem Mal um Jahre jünger wirkte.

Die Tür wurde geöffnet und ein halbes Dutzend uniformierter Kollegen traten ein.

"Gut, dass Ihr endlich auftaucht, ich habe hier ein paar Päckchen für euch." Er deutete grinsend auf seinen Schwager, der sich mittlerweile wieder aufgerappelt hatte. Den, mit Handschellen gefesselten Leopold Freiherr von Adlerstätt, entdeckten die Polizisten von selbst.

"Halt!", kam es von Max, als sie mit den Beiden schon durch die Tür wollten. "Sie kommt auch mit." Er deutete auf Helene Freifrau von Adlerstätt.

Die Freifrau sah erst Max, dann seine Kollegen entgeistert an. "Was soll das bedeuten? Ich habe mir nichts zu Schulden kommen lassen!"

"Falschaussage gegenüber der Polizei", warf Max lapidar ein. "Es besteht der begründete Verdacht von Verdunkelungsgefahr." Und wieder an die Polizisten gewandt: "Packt sie ein."

"Das werden Sie noch bereuen! Dazu haben Sie kein Recht! Lassen Sie mich los!" Sie keifte und zeterte weiter, während sie aus dem Raum, Richtung Streifenwagen, geschoben wurde. Nun wusste Max, warum Leopold sie geheiratet hatte, sie erinnerte ihn zweifelsohne an seine Mutter.

"Ah, die Irrenanstalt lichtet sich so langsam, die Geisteskrankheiten fangen an, sich zu bessern! Aber es kann erst die endgültige Heilung erfolgen, wenn die größte Plage verschwunden ist." Waldemar Graf von Adlerstätt wandte sich seiner Schwester zu. "Dein Gastgeber scheint im Moment unpässlich zu sein und ich sehe hier Niemanden, der seinen Platz einnehmen würde, also, geliebte Schwester, möchte ich dich herzlichst dazu auffordern, dich zu verpissen." Das Lächeln war breit und voller Häme.

"Sie werden noch von meinen Anwälten hören, Sie... Provinzbulle! Kommt, Kinder!" Ohne weiteres Wort verließen die Baronin

Herzogin und ihre beiden Puff-Gören das Fürstenhaus.

'Wie der Neffe, so die Tante', dachte sich Max.

"Also, werter Max, ich weiß nicht, was ich sagen soll!" Dem Grafen schienen wirklich die Worte zu fehlen, was eine Seltenheit sein musste.

"Ich habe nur meine Arbeit gemacht, Waldemar", meinte Dieser bescheiden.

"Also nein, wirklich, das ist zu viel der Tiefstapelei! Sie haben ein Mordkomplott aufgedeckt, den Mörder meines Bruders verhaftet und meinen Möchtegernmörder dingfest gemacht!"

"Was den letzten Punkt angeht, ich würde Ihnen wirklich empfehlen, sich zur Sicherheit in ein Krankenhaus zu begeben", warf Dr. Schilling aus dem Hintergrund ein.

"Ja, ja, das werde ich, keine Sorge. Aber ich vertraue Ihrer fachmännischen Meinung."

"Sie hatten wirklich Glück, dass sich Ihr Neffe die Niere ausgesucht hat, die nicht mehr vorhanden war, sonst wären Sie jetzt mausetot."

"Da haben Sie Recht, Max. Aber eine 50:50 Chance ist doch gar nicht so schlecht.", der Graf grinste ihn an.

"Sie werden Ihren Humor wohl nie verlieren, oder Herr Graf?"

"Ich bemühe mich zumindest. Aber Max, Sie nennen mich ja schon wieder Graf!" Er machte ein gespielt vorwurfsvolles Gesicht.

"Ich bemühe mich, Waldemar", sagte Max mit einem Lachen, dann wurde er ernst. "Ich werde mich nochmal mit Ihrem Adoptivsohn unterhalten müssen."

"Ich weiß." Auch der Graf hatte seine belustigte Miene gegen eine Bodenständige getauscht. "Nehmen Sie ihn nicht zu hart ran, er hat nicht annähernd soviel falsch gemacht, wie viele Andere in diesem Haus."

"Ich weiß."

"Ich habe Sie schon erwartet, Herr Kommissar, kommen Sie bitte herein." Peter von Adlerstätt, der zukünftige Fürst, trat zur Seite und bat Max, mit einer Handbewegung, einzutreten. Jener kam der Aufforderung nach und setzte sich in einen bequemen Sessel, nicht unähnlich denen des Grafen. Der Adelige nahm ihm gegenüber Platz.

Max sah sich um, es war eine moderne, aber dennoch schlichte Wohnung. Man merkte an, dass hier ein jüngerer Mann lebte, es hingen einige Filmposter an der Wand, Max fiel vor allem das Filmplakat zu dem Kurzfilm "Sheos" auf.

"Ich nehme an, Sie wissen, weshalb ich mit

Ihnen reden will."

"Ja, natürlich. Und ich möchte mich vielmals dafür entschuldigen, dass ich die Drohbriefe an Ihre Schwester geschrieben habe, aber ich versichere Ihnen, ich hatte zu keinem Zeitpunkt die Absicht, ihr irgendetwas anzutun. Ich hatte nur keine andere Idee, wie ich Sie hierher hätte bekommen können."

Max war überrascht. "Mich?"

"Ja, natürlich. Ich habe mich nach der Hochzeit Ihrer Schwester mit dem Baron, meinem Bruder, über Sie informiert, Herr Schneider. Ich bin von Natur aus ein neugieriger Mensch und ich muss sagen, Ihre unorthodoxen Ermittlungsmethoden haben mich fasziniert."

"Haben Sie mit meiner Schwester über mich geredet?"

"Ich habe das Thema einmal angesprochen und sie war... ein wenig einsilbig. Aber immerhin konnte ich ihr entlocken, dass sie Sie bei Gefahr anrufen würde, obwohl sie sich nicht besonders nahestehen, da sie Sie trotz aller Differenzen für einen guten Kommissar hält."

Max riss seine Augen so weit auf, wie noch nie in seinem Leben. "Hat sie das wirklich gesagt?", Max konnte es nicht glauben.

"Sie hat es angedeutet, aber es war trotzdem

zu verstehen. Wie dem auch sei, zu diesem Zeitpunkt hatte das noch nicht die Bedeutung für mich, wie vor gut zwei Wochen. Ich hatte ein Gespräch des Barons und dem Freiherrn zufällig gehört, als sie sich im Speisesaal unterhielten, ich war zufällig im Vorbereitungsraum daneben. Es ging in dem Gespräch um den Streit mit dem Fürsten und was man gegen seinen Plan tun konnte, auch uneheliche Kinder gleichzustellen. Zu der Zeit wusste ich noch nicht, dass der verstorbene Fürst mein Vater ist... ich meine war. Wenige Tage später war der Fürst tot. Als er... abgeholt wurde, hieß es, er wäre an seinem schwachen Herzen gestorben und es gab für Niemanden einen Grund daran zu zweifeln. Doch später an diesem Tag hat mir mein Onkel, der Graf, die Wahrheit erzählt, dass der verstorbene Fürst mein Vater... war. Als ich Dies erfahren habe, musste ich ihn einfach nochmals sehen. Also bin ich zu dem Bestattungsunternehmen gegangen und habe den Leuten dort solange zugesetzt, bis sie mir den Sarg öffneten."

"Und dann haben Sie die Flecken entdeckt."

"Ja. Wissen Sie, ich hatte mit einem Medizinstudium angefangen, aber ich bin gescheitert und habe dann zur Philosophie gewechselt; aber um diese Flecken als Vergiftungssymptome zu erkennen, hat mein

Wissen gereicht. In diesem Moment wurde mir klar, dass er ermordet wurde."

"Wie haben Sie die Leiche in die Gerichtsmedizin bekommen?"

"Ich muss leider zugeben, dass ich in der Nacht bei dem Bestatter eingebrochen bin und die Leiche mit einer Bahre in die Gerichtsmedizin gebracht habe."

Max riss abermals erstaunt die Augen auf. "Sie sind da einfach so hinein spaziert?"

"Als ehemaliger Medizinstudent weiß man so einige Dinge. Einen echt aussehenden Einweisungsschein für die Gerichtsmedizin findet man im Internet in zwei Minuten. Was man eintragen muss, wusste ich natürlich, und eine Arztunterschrift ist sowieso nicht leserlich."

"Und wie kamen Sie auf James als Täter?"

"Ich habe ein Auge auf den Baron und Leopold gehabt, nachdem mir klar war, dass mein Vater ermordet wurde. Dabei habe ich ein Gespräch zwischen James und Leopold belauscht, indem es eindeutig darum ging, dass James mehr Geld dafür wollte, dass er Niemandem davon erzählt. Das war gestern am Morgen. Leopold sagte, er würde das Geld gleich besorgen. Er fuhr in die Stadt, kam eine Stunde später zurück und ging sofort zu James. Nachdem Leopold gegangen war, wollte ich

James mit meinem Wissen konfrontieren, aber er lag völlig apathisch auf dem Bett; er war nicht ansprechbar. Er murmelte nur die ganze Zeit davon, dass er fliegen wolle. Also habe ich das Adlerkostüm, dass er für den Karneval besorgt hatte, aus dem Schrank genommen und ihm hingeworfen, mit den Worten: Na, dann flieg doch!" Den Rest kennen Sie ja, Herr Kommissar."

"Und woher wussten Sie von dem Adlerkostüm?"

"Ich habe gesehen, wie er es vor einigen Wochen voller Stolz an schleppte. Er bildete sich ein, dass es eine grandiose Idee wäre, als Butler bei den Adlerstätts als Adler zum Karneval zu gehen." Sehr originell.

Nun ergab das Ganze langsam ein Gesamtbild für Max. "Um noch einmal darauf zurück zu kommen, dass Sie mich hierher bekommen wollten, warum das Ganze?"

"Wie gesagt, Ihre Ermittlungsmethoden haben mich fasziniert und ich ging davon aus, dass nur Sie in einem Fall wie Diesem, mit einem Totenschein, der eine natürliche Todesursache bestätigt, weiter Ermitteln würden. Aber da Sie nicht zuständig gewesen wären, musste ich mir etwas einfallen lassen."

"Ich muss Ihnen zugestehen, das war schon gerissen, Herr Fürst von Adlerstätt."

"Nein, nein, bitte, Herr Schneider, nennen Sie mich nicht Fürst. Ich spiele sowieso mit dem Gedanken, den Fürstensitz abzulehnen."
"Warum das denn?"
"Das fragen Sie mich? Soweit ich weiß, halten Sie in etwa soviel vom deutschen Adel, wie ich." Max musste schmunzeln. "Nun, zum Ersten sind die Meisten dieser Adelsfamilie mittlerweile im Gefängnis und Zweitens, gerade weil Sie es nicht wollen, sind Sie aus meiner Sicht genau der Richtige für diesen Job."
Peter von Adlerstätt machte ein nachdenkliches Gesicht. "Vielleicht haben Sie Recht, ich werde es mir durch den Kopf gehen lassen. Aber bis dahin", der Adelige stand auf und legte seine Handgelenke übereinander. "Ich denke, ich werde meiner ungeliebten Verwandtschaft noch ein wenig Gesellschaft leisten müssen."
"Wie meinen Sie das?"
"Ich habe Ihnen eben einen Einbruch gestanden", sagte der junge Adelige verwirrt. "Dafür gibt es zumindest Untersuchungshaft nach meinen Recherchen."
"Soweit ich Sie eben verstanden habe, war Ihr vordringliches Anliegen, einen Mordfall aufzuklären. Diese Briefe, nun ja, waren ein etwas geschmackloser Scherz, dafür gibt es

eine Verwarnung, aber keine Untersuchungshaft. Und wie die Leiche schlussendlich in die Pathologie kam, also mein Kollege der dort arbeitet, meinte, dass es immer mal zu Verwechslungen kommen kann, sodass etwas in der Art passiert."
 "Ist das wirklich Ihr ernst?"
 "Belassen wir es doch einfach dabei", meinte Max augenzwinkernd und verließ die Wohnung.

**Hochadelsmord
Kapitel 22**

Nun hatte dieser Fall doch noch einen guten Ausgang genommen, zumindest wenn man Max' Maßstäbe anlegte. Die Bösen wandern in den Bau und die Guten kommen fein aus der Sache heraus, dank ein wenig Hilfe seitens des Ermittlers. Sollte Das die Runde machen, würde er zwar seinen Job an den Nagel hängen müssen, aber wie sagte man so schön: Wenn Niemand etwas erzählt, erfährt auch Keiner Etwas. Außerdem imponierte ihm der Einfallsreichtum des vermutlich nächsten Fürsten doch sehr. Hätte er sich offiziell an die Polizei gewandt, hätte jeder gedacht, er wäre nur scharf auf den Thron, was Max vermutlich genauso gesehen hätte. Also war sein Vorgehen im Grunde so etwas wie Notwehr, dafür buchtete man Niemanden ein.

Er hatte seine Sachen zusammengesucht und wollte sich gerade aus dem Staub machen, als ihm einfiel, dass er sich noch von dem Grafen verabschieden musste. Dieser alte Knochen hatte Max wirklich zum Umdenken gebracht. Nicht, dass er in Zukunft jeden Adeligen als feinen Typen ansah, aber er würde sich doch zumindest der Möglichkeit nicht verschließen, dass es auch in diesen Kreisen anständige Leute gab. Er bewegte sich vom Ausgang wieder Richtung Treppe, als seine Schwester seinen Weg kreuzte.

"Max", sprach sie ihn mit einer relativ neutralen Stimme an. "Wir müssen noch Etwas bereden."

Er verdrehte die Augen. "Yvonne, willst du mir jetzt vorhalten, dass ich nun auch deinen Mann verhaftet habe, die Familie zerstöre und solche Sachen?"

"Nein", kam es von ihr überraschend versöhnlich. "Du hast alles richtig gemacht, heute wie damals."

"Wie bitte?" Max traute seinen Ohren nicht, war das wirklich seine Schwester?

"Du hattest Recht damit, meinen Mann zu verhaften, und du hattest Recht damit, meinen Vater zu verhaften. Es tut mir leid", gab Sie kleinlaut zu.

Max glaubte, ihn träfe der Schlag. Dass seine Schwester unrecht hatte, war nichts Neues für ihn. Dass sie Mist baute war ebenso normal, aber dass sie es einsah und als Krönung sich auch noch entschuldigte, das war unwirklich.

"Als Wiedergutmachung wollte ich dir die Ehre erweisen, dich zum Ritter zu schlagen."

"WAS?"

"Du hast schon richtig gehört. Du hast für unser Adelshaus sehr viel getan, du hast die kriminellen Elemente entfernt, die unsere Familie über kurz oder lang zugrunde gerichtet hätten, dafür steht dir Anerkennung zu."

"Das ist bestimmt unheimlich lieb von dir gemeint, aber -" Eine dröhnende Stimme von der Treppe unterbrach Max` Versuche, sich herauszuwinden.

"Mein guter Max! Sie werden dieses wohl feine Angebot doch nicht ausschlagen wollen? Damit würden Sie mir das Herz brechen!" Der Graf kam die Treppe herunter gehumpelt und sah Max mit erwartungsvollem Blick an.

Nach einer Weile des Zögerns und innerlichem Ringen sagte Max schließlich: "Gut, ich nehme die Ehre, die Sie mir erbieten wollen, an."

"Wie wäre es dann mit einer familiären Umarmung?", merkte der alte Graf schief grinsend an.

Etwas unbeholfen legte Max die Arme um seine Schwester und drückte sie, ihr schien es auch zu missfallen, erwiderte aber die Umarmung.

Während sie sich, wie schon Jahrzehnte nicht mehr, in den Armen lagen, flüsterte Max seiner Schwester zu: "Das mit der Ritterschaft ist aber nicht auf deinem Mist gewachsen, oder

Schwesterherz?"

"Peter und Waldemar haben mich dazu überredet, ich wollte dir einen Dankesbrief schicken."

Sie lösten sich voneinander, als Peter von Adlerstätt mit einem gewaltigen Schwert im Flur erschien.

"Wir hätten zwar auch einen offiziellen Anlass daraus machen können, mit vielen Gästen, Reportern und dem ganzen Brimborium, aber ich denke, das wäre nicht ganz in Ihrem Sinne, Herr Kommissar." Peter von Adlerstätt hatte ebenso wie der Graf ein verschmitztes Lächeln aufgesetzt.

"Ich bin Ihnen unendlich dankbar, dass Sie mir Das ersparen."

"Aber stilecht wird es trotzdem durchgezogen!", warf Waldemar ein. "Bernard! Kommen Sie einmal mit dem Fotoapparat!" Wenige Sekunden später stand Bernard mit einer altertümlich anmutenden Kamera in der Tür.

Max wusste, was von ihm erwartet wurde, also ging er auf ein Knie und senkte den Kopf, während seine Schwester, Peter und Waldemar das Schwert hielten und auf seine Schultern tippten.

"Aufgrund herausragender Verdienste für das Haus Adlerstätt ernennen wir euch hiermit

zum Ritter von Adlerstätt von fürstlichen Gnaden." Waldemar liebte es offensichtlich theatralisch. "Erheben Sie sich, Sir Max Ritter von Adlerstätt."
 Max stand wieder auf und dankte dem alten Grafen für eine unvergessliche Zeit, er schüttelte Peter von Adlerstätt die Hand, ebenso gab es auf Drängen des Grafen nochmals eine flüchtige Umarmung mit seiner Schwester. Bernard wurde ebenfalls die Hand geschüttelt, ehe Max durch die Tür ging und zu seinem Wagen, der von seinen Kollegen freundlicherweise hier oben geparkt wurde. Irgendwie hatten ihn die Tage hier wieder etwas empfinden lassen, was er glaubte, bereits lange verloren zu haben. Er hatte fast Angst es sich einzugestehen, aber es war wieder aufgeflammt: Familiensinn. Vielleicht sollte er doch wieder einmal hier vorbeikommen, natürlich nicht zu bald, aber auch nicht in zu ferner Zukunft.
 Als er in seinen Wagen einstieg und er gerade losfahren wollte, klingelte sein Handy. Er zog es aus der Tasche und sah auf die Nummer, die angezeigt wurde. "Oh nein!" Er drückte den Anruf weg und steckte das Handy wieder ein. 'Für den Moment hatte ich genug Familie...'

***

Kommissar Max Schneider
Lattenkrimi

Coming Soon!